FENG SHUI

Lucrecia Pérsico

LIBSA

ISBN: 84-9819-212-9
D.L.: M-20305-2005

Contenido

Prólogo

Los espacios nos hablan directamente a lo más profundo del corazón y a ellos respondemos con diversas emociones. Hay lugares que nos alegran, otros nos hacen sentir melancólicos o tristes y no pocos en los cuales, sin explicarnos porqué, nos ponemos tensos e irritables.

Desde hace milenios, muchas culturas han intentado averiguar los secretos que rigen los vínculos del hombre con su entorno; observaron los cambios que las estaciones y los paisajes obran en el hombre, la influencia que tienen las montañas y los ríos sobre las comunidades y, reuniendo esa información, conformaron las diferentes escuelas de geomancia, una de las cuales es la china, llamada Feng Shui.

Para comprender este arte o esta ciencia, es necesario mirar de otra manera. A diferencia de la cultura occidental, que adjudica vida sólo a determinadas combinaciones químicas, para la cultura oriental todo el universo, con sus galaxias, estrellas y planetas, tiene vida y está interconectado entre sí. Por ello es tan importante estudiar las relaciones del hombre con su entorno, con el paisaje que lo circunda. Para los chinos, según sea éste equilibrado o no, así será la vida de quien lo habite.

El Feng Shui busca la máxima armonía entre el hombre y todo lo que le rodea, empezando por su refugio, es decir, su casa. Ésta es, sin duda, un fiel reflejo de lo que ocurre en su mente y en su cuerpo. Así, para sus maestros, el éxito profesional está tan íntimamente ligado a la labor que una persona desempeña

como a la colocación de la cama en la que duerme, al tipo de comida que ingiere o al barrio en el que vive. Si en todo eso que conforma su marco cotidiano no hay equilibrio, tampoco lo habrá en su mente ni en su vida.

Quien se adentre en el estudio del Feng Shui encontrará conceptos que le parecerán mágicos; otros que le resultarán místicos y muchos a los que atribuirá un innegable sentido común. Aprender esta ciencia equivale a adquirir un lenguaje más rico que incluye lo visual, lo auditivo y lo táctil; es abrir la posibilidad de encontrarse en un mundo nuevo y fascinante.

Quien siga los preceptos del Feng Shui podrá alcanzar una armonía plena que se reflejará en su salud, en su trabajo, en su vida social y afectiva, en su relación consigo mismo y con el entorno. Podrá manejar las energías positivas en su provecho y neutralizar las negativas para evitar con ello sus influencias nocivas.

Esta disciplina, que podría calificarse de filosófica y práctica a la vez, abre la puerta a un mundo nuevo y colorido que nos conecta con lo más íntimo de nosotros mismos.

CAPÍTULO 1

¿Qué es el Feng Shui?

En las grandes ciudades, el espacio está dividido por líneas verticales y horizontales que se unen, casi indefectiblemente, en ángulos de noventa grados. Las paredes de todos los edificios de una urbe, por grande que ésta sea y salvo alguna rara excepción, son como enormes fichas de dominó puestas en pie por un gigante: todas perfectamente verticales.

Los techos y los suelos, que a su vez soportan mesas, sillas o estantes, también son paralelos y perpendiculares a las paredes. Hasta la cama en la que descansamos por las noches es también paralela a todas las camas de la ciudad.

Sin embargo, si estamos en la playa o en la montaña y observamos el entorno, vemos que ahí las cosas son muy diferentes: la arena se ondula suavemente, las rocas forman una superficie absolutamente irregular y el agua del mar, como la del río, por muy tranquila que discurra, siempre muestra hermosas o temibles curvas en su superficie. Los árboles, con sus troncos rugosos o lisos, no respetan el sagrado ángulo recto que prolifera en las ciudades: sus copas se abren en mil ángulos distintos y sus hojas siguen los más diversos patrones en los que difícilmente aparece la recta.

Esta diferencia entre un ambiente natural y el que ofrece cualquier ciudad no sólo se aprecia con la vista; la ausencia de silencios, de múltiples aromas y texturas han hecho que los sentidos del hombre pierdan gran parte de la potencia que tenían en sus antepasados. Prueba de ello es el olfato y el oído, increíblemente selectivos, que aún conservan muchos aborígenes que nunca salieron de sus

ámbitos naturales.
Desde que el hombre abandonó su contacto con el medio del cual ha surgido como especie, vive inmerso en un hábitat artificial al que no le queda más remedio que adaptarse y pagar por la civilización un alto precio en dolencias, malestares, depresiones, ansiedad, estrés y desasosiego.

EL MUNDO QUE NOS RODEA

El elemento más importante que el ser humano intercambia con su entorno es el oxígeno; gracias a éste quema las sustancias que ingiere y produce energía en forma de calor y movimiento (trabajo de los órganos y los músculos). La tierra, por su parte, no sólo recoge energía solar sino que también produce la propia por medio de diferentes procesos: el movimiento de las mareas y de los ríos, el desplazamiento del magma en el subsuelo, los ciclos vitales de los seres vivos que la pueblan, las corrientes de su atmósfera, etc. Y aunque no seamos conscientes del efecto que esa energía terrestre tiene sobre nuestro cuerpo y nuestra psiquis, lo lo cierto es que siempre actúa sobre nosotros; unas veces actúa de forma beneficiosa y otras, nociva. El que sea de una u otra manera depende, fundamentalmente, del tipo de corriente

▲ *Las agresivas líneas rectas son dueñas indiscutibles de las ciudades. Allí la mirada se pierde en un espacio rígido de paralelas horizontales y verticales.*

energética que se trate, de la carga positiva o negativa que tenga. Nuestros civilizados y embotados sentidos no pueden percibir la energía que nos envuelve; sin embargo, si se presencia un eclipse en el campo o en una granja, se podrá comprobar que un rato antes de que comience la ocultación del sol o de la luna, los animales adoptan una actitud que no es la habitual: se esconden, recogen sus crías y emiten diferentes aullidos para comunicar a sus iguales que algo

La Catedral de Chartres, como muchos otros edificios, se construyó teniendo en cuenta las leyes de la geomancia.

extraño está a punto de suceder. Ellos sí perciben los sutiles cambios energéticos en el entorno y, al no poder explicarlos, corren a sus guaridas para protegerse.
Las civilizaciones primitivas de los cinco continentes consideraron los elementos naturales como algo vivo e íntimamente ligado a sus vidas. Aún hoy, los indios de muchas tribus a las que apenas ha llegado la civilización hablan del «hermano río», «el hermano árbol» o «la hermana montaña». Se dirigen a los accidentes del paisaje como si fueran integrantes de una gran familia, como otros hijos de la hermosa y amada Madre Tierra, y les tratan con la misma confianza, respeto y consideración que ofrecen a los seres humanos.
A la hora de erigir sus casas o aldeas, el lugar del emplazamiento es meditado largamente tomando en cuenta no sólo sus propias necesidades sino, también, las del paisaje. Procuran que la interacción entre el grupo humano y el entorno sea óptima y aunque tanto ellos como nuestros antepasados no sepan nada de física ni de corrientes energéticas, aprovechan en su beneficio las líneas de energía positiva y evitan que las casas se establezcan sobre las líneas nocivas.
Este arte o ciencia que estudia los efectos de las fuerzas telúricas en el hombre se llama geomancia, que literalmente quiere decir «adivinación por medio de la tierra».
Desde hace miles de años se han erigido monumentos y edificios basándose en este saber; prueba de ello son el famoso conjunto de Stonehenge y la Catedral de Chartres. Sin embargo, las actuales ciudades han crecido alejadas de todo concepto geomántico: en su subsuelo, debajo de nuestros pies, el movimiento de miles de millones de litros de agua potable que circula sin cesar produce corrientes energéticas; gruesos cables de cobre conducen

El sendero sinuoso, como el de la página de la derecha, es un sedante río de piedras que embellece el jardín.

cantidades impresionantes de electricidad para que toda calle y todo hogar encienda sus bombillas o haga funcionar sus modernos aparatos; los sonidos y olores artificiales, producto de la industrialización, saturan nuestro olfato y nuestro oído haciéndoles perder su agudeza; la vista no puede extenderse al horizonte y ejercitar con ello los músculos de los ojos porque antes de encontrarlo se detiene en la fachada del próximo edificio que está, normalmente, a menos de cien metros. Y ya no hablemos del aire que respiramos, cuyas corrientes, cargadas de partículas de desecho en suspensión, han alterado de tal manera nuestro sistema inmunitario que cada vez son más las personas que presentan alergia a un elemento tan natural, puro y nutritivo como es el polen.

Nos hemos alejado de nuestros orígenes y el precio que paga nuestro organismo por ello no sólo se constata en los hospitales, en las farmacias, en los ambulatorios sino, más aún, en las bajas por depresión, en los rostros de la

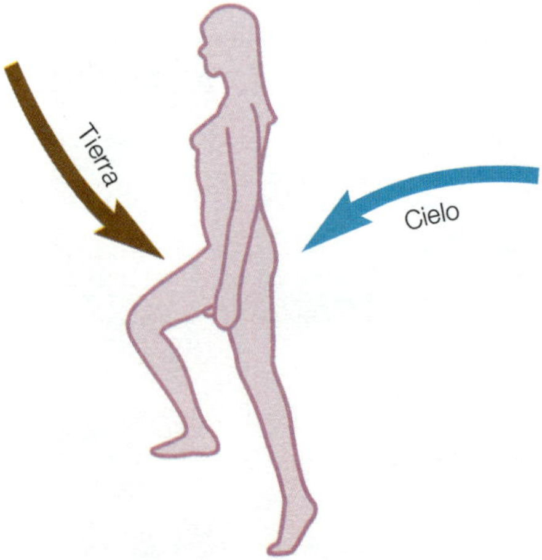

Las corrientes energéticas del cielo y la tierra nos afectan positiva o negativamente.

gente, en el desasosiego general que nos invade.

EL FENG SHUI: LA BÚSQUEDA DEL EQUILIBRIO

Una de las culturas que más ha desarrollado la geomancia es la china. Los expertos opinan que su forma más elaborada, el Feng Shui, existe hace más de cinco mil años y que se inició en las planicies agrícolas del país, posiblemente en la región del río Yantzé. De hecho, en muchos descubrimientos arqueológicos se hallaron pruebas que atestiguan su utilización hace milenios.
En un principio fue usado para determinar el mejor emplazamiento de las tumbas y, posteriormente, se aplicó a los lugares de trabajo y al hogar. Fue reconocido por el gobierno imperial y estuvo supervisado directamente por el emperador hasta que el régimen comunista prohibió su práctica.
El Feng Shui no es una doctrina religiosa pero se basa en principios místicos como el Tao. Las reglas que aplica este sistema se basan en observaciones hechas a lo largo de miles de años y en las estadísticas que surgieron de ellas, por lo cual puede ser considerado como ciencia.
Esta combinación de sensibilidad y sentido común para relacionarse con el

▲ *El Feng Shui propone aplicar el sentido común para relacionarse con el paisaje.*

paisaje que propone el Feng Shui no siempre es fácilmente comprensible; sus premisas están teñidas de costumbres, tradiciones y supersticiones de la cultura china, tan diferente de la occidental.
El objetivo de esta ciencia es distinguir los espacios beneficiosos de los malsanos y su práctica permite conseguir el mejor emplazamiento de las viviendas o lugares de trabajo, así como de los objetos y muebles que contengan.
Los grandes maestros del Feng Shui practicaban a la vez la medicina tradicional china y el Tai Chi ya que, al igual que las artes marciales, todas estas disciplinas se basan en los mismos principios y conceptos que rigen, además, los más diversos aspectos de la vida en China.
Para comprender adecuadamente el

CUALIDADES YING-YANG

YIN	YANG
Femenino	Masculino
Pasivo	Activo
Tierra	Cielo
Oscuro	Luminoso
Húmedo	Seco
Blando	Duro
Norte	Sur
Valle	Montaña, colina
Escondido	Visible
Negativo	Positivo
Abajo	Arriba
Débil	Fuerte
Muerte	Vida
Luna	Sol
Invierno	Verano
Lento	Rápido
Noche	Día
Opaco	Brillante
Silencio	Ruido
Sombra	Reflejos
Poroso	Sólido
Pequeño	Grande

▲ ▶ *Tabla de elementos con predominio Yin o Yang. A la derecha, uno de los cinco animales celestiales: el tigre blanco.*

Feng Shui y adquirir la habilidad de aplicarlo eficazmente, hay que tener en cuenta las ideas en las que se apoya:

- El concepto del chi.
- El Yin-Yang.
- Los cinco elementos y sus ciclos.
- Los trigramas del *I Ching* que forman el Pakua o Bagua.

La asimilación de esta visión filosófica del universo no sólo permitirá elegir la manera en que se dispongan los diversos elementos en el entorno, sino que además obrará una transformación interior dando un nuevo significado y un punto de vista interesante al concepto de «realidad».

ALGUNOS PRINCIPIOS DE LA CULTURA CHINA

Hacia el año 2582 a. C. vivió en China un emperador llamado Fu hsi. Cuenta la leyenda que este sabio vio un conjunto de líneas continuas y discontinuas en el caparazón de una tortuga y, partiendo de esos dibujos, creó un modelo del universo matemáticamente perfecto y completo. En un principio, mezcló esas líneas en grupos de tres, llamados trigramas, y simbolizó con ellas los elementos que podrían denominarse «paisajísticos»: Cielo, Tierra, Trueno, Agua, Lago, Viento, Montaña y Fuego.
Posteriormente juntó los trigramas de a pares creando así 64 dibujos o hexagramas que simbolizan los cambios que pueden operarse en diferentes situaciones. En China, estas

Las líneas rectas son poco comunes en la naturaleza, pero en las ciudades son habituales y polarizan la energía.

figuras se utilizaron como oráculo. Como en tiempos de Fu hsi no existía la escritura, sus conocimientos fueron transmitiéndose oralmente de generación en generación y sólo mucho después de su muerte tomaron forma de libro bajo el nombre de *I Ching* o *Libro de las Mutaciones.* Este libro hoy está considerado como la obra escrita más antigua que se conoce.

Uno de los conceptos más importantes del *I Ching* es el de Yin-Yang, principios femenino y masculino. Al igual que para los occidentales todo lo que nos rodea, incluso las situaciones, puede ser calificado de agradable o desagradable, el concepto de Yin-Yang puede aplicarse de la misma manera.

Entre las cualidades que se asocian al Yin y al Yang, se pueden citar las que se observan en la tabla de la página 12. En el I Ching, las líneas enteras son líneas Yang y las partidas, líneas Yin. Si se hacen todas las combinaciones posibles, se consiguen ocho trigramas diferentes:

- Cielo: tres líneas Yang. Es lo creativo, el verano, lo blanco, el padre y el número seis.
- Tierra: tres líneas Yin. Es lo receptivo, la tierra, el invierno, la madre y el número dos.
- Trueno: dos líneas Yin sobre una Yang. Es lo suscitativo, la conmoción, el hijo mayor y el número tres.
- Viento: dos líneas Yang sobre una Yin. Es lo penetrante, la madera, lo verde, la hija mayor y el número cuatro.
- Lago: una línea Yin sobre dos Yang. Es lo sereno, el metal, la plata, la hija menor y el número siete.

A la derecha, puente chino hecho a base de contraste de líneas rectas y curvas.

- MONTAÑA: una línea Yang sobre dos Yin. Es lo quieto, lo beige, el hijo menor y el número ocho.
- AGUA: una línea Yang entre dos Yin. Es lo abismal, lo azul, lo peligroso, el hijo del medio y el número uno.
- FUEGO: una línea Yang entre dos Yin. Es lo adherente, lo rojo, la hija del medio y el número nueve.

Todo lo que nos rodea puede asociarse con alguno de estos ocho trigramas y también con los dos tipos de energías: el Yin y el Yang; cuando éstas están en equilibrio, denotan estabilidad y armonía, pero cuando una de ellas es considerablemente mayor que la otra, se establece una situación de desequilibrio que busca la estabilidad.

La acupuntura, que también se nutre de estas premisas filosóficas, apunta a regular el balance entre el Yin y el Yang del organismo, de ahí que las agujas que se colocan para curar una zona

LOS TRIGRAMAS

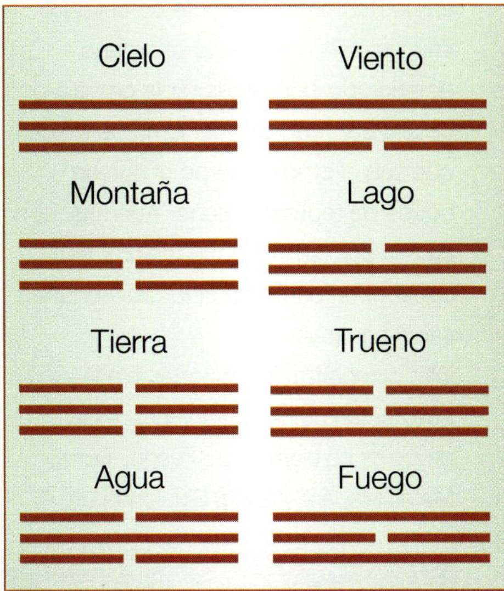

▲ *Trigramas que simbolizan los elementos Cielo, Tierra, Trueno, Agua, Lago, Viento, Montaña y Fuego.*

LOS CINCO ELEMENTOS

ELEMENTO	**ESTACIÓN**	**COLOR**	**EDAD**	**FORMA**
Madera	Primavera	Azul	Nacimiento	Rectangular
Fuego	Verano	Rojo	Pubertad	Triangular
Metal	Otoño	Blanco	Madurez	Redonda
Agua	Invierno	Negro	Vejez	Ondulante
Tierra	Final de verano Principio de otoño	Amarillo	Adolescencia	Cuadrada

enferma muy probablemente se claven en un punto muy distante de ésta. Lo importante no es atacar el órgano deteriorado sino equilibrar la energía que circula por todo el organismo de manera que sea el propio cuerpo el que se ocupe de reparar el daño. Además, con ello no sólo se consigue mejorar ese aspecto en particular sino proveer una salud generalizada.

Otra categorización importante a la que hemos de hacer referencia es la de los cinco elementos: Fuego, Tierra, Metal, Madera y Agua. Siguiendo un punto de vista integrador, propio de la cultura china, los elementos se relacionan con los más diversos elementos o situaciones, como los trigramas (ver tabla de la página 15).

Los cinco elementos se representan en una secuencia fija, fácilmente comprensible en el diagrama.

Se establecen dos tipos de vínculos: de apoyo (con los elementos adyacentes) y de control o destructivo (con los elementos opuestos). De este modo se crean dos ciclos:

- CICLO CREATIVO. La madera arde para producir fuego, el fuego genera cenizas que forman la tierra, la tierra contiene minerales que forman los metales, que se funden al estado líquido del agua, el agua nutre y permite el crecimiento de la madera.
- CICLO DE CONTROL O DESTRUCTIVO. El agua sofoca el fuego, el fuego funde el metal, el metal corta la madera, la madera penetra en la tierra y la tierra canaliza el agua.

Cuando un elemento engendra a otro (el agua genera madera), la relación entre ambos es Yin y se denomina «de madre a hijo». Cuando un elemento destruye a otro (el metal corta la madera), la relación es Yang y se denomina «de abuelo a nieto».

A la hora de decorar una habitación, es

▲ *Las farolas, los semáforos y los postes eléctricos, entre otros elementos urbanos, alteran el flujo normal del Chi.*

El agua es el elemento de lo abismal, lo azul, lo peligroso, el hijo del medio y el número uno.

importante procurar que los cinco elementos se encuentren en armonía. También a través de ellos es posible realizar curas y equilibrar el entorno como se explicará en posteriores capítulos.

EL CHI: LA ENERGÍA QUE NOS ENVUELVE

Los taoístas pensaban que todo es energía, que el universo es un organismo viviente y que su aliento vital, el Chi, está presente en todas las cosas. Esta energía se encuentra en la tierra y en el cielo, en las piedras y en los animales, en las plantas y en el hombre; es la energía o fuerza natural que llena el cosmos.

La existencia de cada ser vivo transcurre bajo dos potentes campos energéticos: el del cielo y el de la tierra, el Tian Chi y el Dih Chi. Las corrientes que de ellos emanan atraviesan nuestro organismo modificando, beneficiosa o negativamente, nuestro propio flujo energético destinado a mantener los procesos vitales. De esta interacción depende, en gran medida, nuestra salud así como la de las plantas y los animales.

Cuando el Chi del cielo (Tian Chi) está desequilibrado, sobrevienen tornados, ciclones, huracanes y todo tipo de fenómenos atmosféricos violentos; por el contrario, su armonía y su buena interacción con el Chi de la tierra (Zen Chi) propicia los climas benignos, las lluvias, tan necesarias para el crecimiento de la vegetación, la brillante luminosidad del día y la apacible y fresca

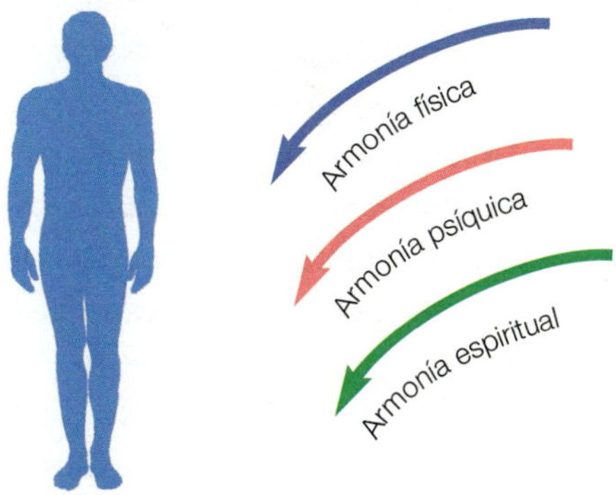

El hombre se ve afectado, positiva o negativamente, por las corrientes telúricas. Un entorno con elementos naturales, bien equilibrado, favorece la circulación de la energía interior.

El río y la curva del sendero armonizan el flujo del Chi que llega a la casa. A la derecha, una ventana en cuadrícula, que impide el correcto paso de la energía del Chi.

oscuridad de la noche.

A través de la energía que llega de los astros hacia la tierra, el Chi del cielo se combina el Chi humano (Zen Chi) modificando su conducta, su estado de ánimo y su salud, tal como enseñan no sólo la astrología oriental sino también la occidental desde hace miles de años.

El Dih Chi, o Chi de la tierra, permite que crezcan en su superficie los organismos vivos. Sus estados inarmónicos provocan los grandes desastres naturales como terremotos y volcanes y, a veces en combinación con el Chi del cielo, inundaciones de los ríos a causa de las lluvias o incendios en los bosques a causa de los rayos.

El Feng Shui estudia el Chi, las energías sutiles de la naturaleza, para favorecer el equilibrio entre los seres vivos y la tierra.

EL FLUJO DEL CHI

Si ponemos debajo del grifo de agua un cuchillo de plano, vemos que el chorro, al tocar su superficie, se abre hacia los costados; si colocamos, por el contrario, una cuchara hacia abajo, observamos que el chorro no se abre sino que se curva y la envuelve. El flujo del líquido se comporta, pues, de dos maneras diferentes según la superficie que lo recibe. Si en lugar de tomar un objeto metálico colocamos una esponja, es fácil adivinar que el agua no responderá como en las anteriores experiencias sino que, gran parte de ella, será absorbida. Con el Chi de la tierra ocurre otro tanto: según cómo sean las superficies a las que se dirija, circulará libremente o modificará su trayectoria acelerándose o estancándose. Lo normal y beneficioso para el hombre y para el entorno es que el Chi circule suavemente, en forma ondulada; por ello si se acelera o se estanca se considera Chi negativo.

Las líneas rectas, tan poco comunes en la naturaleza, polarizan la energía; la aceleran y la agitan provocando con ello estrés y desasosiego en las personas que están próximas a ellas. En general, las formas

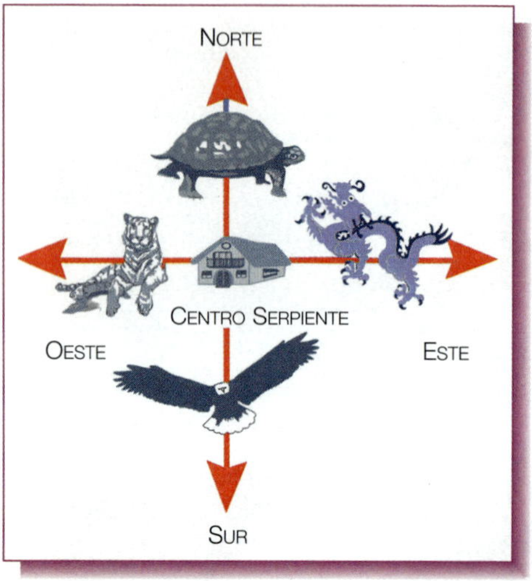

En la cultura china los puntos cardinales están representados por animales: la serpiente, la tortuga negra, el ave fénix, el dragón verde y el tigre blanco.

agresivas formadas por ángulos, aristas, salientes, picos, columnas y vigas hacen que el Chi se mueva lineal y aceleradamente afectando el campo energético personal; por ello lo mejor es evitarlas o, si no es posible, intentar suavizarlas colocando a su alrededor elementos redondeados que faciliten su flujo.

Es necesario comprender que el Chi está en todas partes, que cuando circula libremente, sin trabas, aporta energía y vitalidad a todo lo que encuentra a su paso; pero si se bloquea o estanca, no nos nutre y esta carencia produce efectos negativos.

Otro aspecto importante a tener en cuenta son los elementos que rodean la vivienda o lugar de trabajo. Nadie que pueda evitarlo compraría una casa junto a la vía del tren, a escasos metros de un aeropuerto o al lado de una central nuclear porque sabe que la contaminación que de ellos se desprende es altamente perjudicial. Sin embargo, pocos saben que, a una escala menor, las farolas, los postes eléctricos y los semáforos, por poner algunos ejemplos, alteran el normal flujo del Chi que luego entrará por la puerta de nuestra casa. Ante ello, la solución es utilizar ciertos elementos que ofrece el Feng Shui a fin de suavizar las agresivas líneas energéticas que llegan del exterior.

LOS CINCO ANIMALES CELESTIALES

Los chinos atribuyeron un animal a cada punto cardinal y otro al centro.

- CENTRO. Serpiente. Es donde se debe emplazar la casa, con la entrada hacia el sur y la parte posterior hacia el norte.
- NORTE. Tortuga negra. En el paisaje la presencia de este animal estaría simbolizada por una cadena montañosa. Es recomendable evitar las ventanas que den hacia el norte.
- SUR. Ave fénix. Está simbolizado por el

río. Hacia este punto deben abrir las ventanas más importantes de la vivienda.

- ESTE. Dragón verde. Corresponde al elemento madera y puede estar representado por pequeñas elevaciones o por un bosquecillo.
- OESTE.Tibre blanco. Su elemento es el metal y puede estar representado por una fuente, un estanque o una piscina.

No siempre es posible encontrar un terreno que tenga al norte una cadena montañosa o un río al sur; pero estos elementos pueden ser reemplazados por otros que sirvan como símbolo (una escultura en piedra hacia el sur, una fuente en reemplazo del río, etc.). El Feng Shui ofrece múltiples herramientas y objetos para equilibrar aquello que el paisaje, por sí solo, no tiene.

APLICACIÓN PRÁCTICA DE LOS PRINCIPIOS FILOSÓFICOS

Así como no se pueden realizar cálculos algebraicos sin comprender los principios matemáticos elementales, tampoco es posible aplicar el Feng Shui alejándose del marco filosófico que lo sustenta.

Para esta disciplina, lo esencial es armonizar los diferentes tipos de energía, evitar que una de ellas prevalezca sobre las demás. Cada cosa, material o inmaterial, tiene una cualidad Yin o Yang; se asocia con uno de los cinco elementos, se puede vincular a uno de los cinco animales y tiene su correspondencia con uno de los ocho trigramas. Por ello, para situar un objeto en una habitación, lo primero que habrá que tener en cuenta es si se asocia mejor con la actividad o pasividad (Yin-Yang), ver con cual de los cinco elementos se corresponde, relacionarlo con uno de los ocho trigramas, y armonizarlo con todo lo que haya a su alrededor. Esta tarea puede parecer difícil en un principio y es necesario encararla como un cambio de enfoque mental; una vez conseguido, el entorno cobrará una forma nueva y un sentido diferente.

En los posteriores capítulos, después de analizar las herramientas propias del Feng Shui, se hará una aplicación práctica de los conceptos tratados en éste.

▲*Conviene que un terreno tenga una montaña o un desnivel en el norte. Si el terreno no es así se puede ayudar con elementos que sirvan como símbolo de dicha montaña.*

CAPÍTULO 2

Herramientas del Feng Shui

El desplazamiento normal del Chi sigue un camino suave y curvo, con espirales; sin embargo, al entrar en contacto con ángulos o al tener que realizar giros bruscos cambia su patrón de desplazamiento modificando la trayectoria ondulada por una trayectoria acelerada y recta, dando lugar a zonas de fuerza peligrosa que en el argot del Feng Shui se denominan flechas venenosas, flechas secretas o cuchillos afilados.

EN la vida cotidiana, casi todos los lugares tienen elementos que generan flechas venenosas: las mesas rectangulares o cuadradas, las columnas, las mamparas que se utilizan en las oficinas para crear cubículos, etc. Y no cabe duda de que en un ambiente en el que estas flechas abunden, habrá muchos más conflictos entre quienes trabajen en él que en aquellos en los que proliferen las curvas. El Feng Shui se vale de unas herramientas básicas, llamadas armonizadores, que se utilizan para suavizar, estabilizar, activar y equilibrar el Chi.

A su paso por ellas, la energía que puede haber sido acelerada cambia su patrón de comportamiento y comienza a fluir onduladamente nutriendo benéficamente todo el espacio. El Chi negativo (llamado Sha Chi) también se agrava, acumula y estanca con los malos olores, el desorden,

▲ *Las ondulaciones de las líneas trazadas en el sendero suavizan la corriente de energía acelerada por el borde afilado de la piedra.*

la suciedad, los objetos rotos o deteriorados, la mala ventilación y la falta de iluminación.

El Chi positivo (Sheng Chi) se atrae por medio de objetos que despierten cualidades agradables o que provoquen bienestar: cuadros, flores, fotografías de personas queridas, etc. Hay quienes, sin tener siquiera el más mínimo conocimiento de Feng Shui, ponen en sus lugares de trabajo este tipo de objetos porque saben, por experiencia, que les hacen sentir bien. Estos elementos, más otros que son herramientas específicas del Feng Shui, también sirven para curar los lugares en los que hay flechas envenenadas.

Observando atentamente el entorno se pueden descubrir los lugares en los que la energía se acelera o se estanca, pero también se puede efectuar un ejercicio propio del teatro chino que consiste en recorrer la habitación en sus dos diagonales, con la mente lo más en blanco posible. Primero deberá hacerse con los ojos abiertos y caminando de frente, luego con los ojos abiertos pero caminando de espaldas; por último, repetir estos dos pasos pero, esta vez, con los ojos cerrados. Todo ello sin darse prisa sino, por el contrario, lentamente y con la mayor concentración posible, intentando tomar conciencia de las sensaciones que se experimentan en cada punto de la habitación. Una vez cumplidos estos cuatro pasos, desplazarse libremente por la estancia

▲ *Unas flores siempre hacen agradable cualquier estancia, a pesar de que quien las coloque no tenga conocimientos de Feng Shui.*

buscando el lugar que resulte más incómodo (mejor hacerlo con los ojos cerrados para aumentar la percepción de los demás sentidos).

Cuando se haya escogido ese lugar, abrir los ojos y observarlo intentando comprender qué flechas venenosas apuntan hacia él. Para ello deberán buscarse objetos con ángulos agresivos que haya en el entorno, puntos de desorden o deterioro, lugares en los que la energía pudo haberse estancado. A continuación se hará una cura en ese lugar y cuando ya esté equilibrado, se procederá a repetir la operación para constatar que no haya rincones que presenten problemas. Hablar de Feng Shui es hablar de equilibrio, de justa medida. Esta disciplina enseña que el

▲ *Las columnas, sobre todo si tienen aristas, son elementos que aceleran el Chi.*

exceso de energía puede ser tan perjudicial como su escasez, de ahí la importancia que se da a los armonizadores.

Los elementos que utiliza el Feng Shui para neutralizar los espacios con circulación deficiente de Chi son:

- HERRAMIENTAS LUMINOSAS. Pueden ser velas, cuarzos, bolas facetadas, espejos o lámparas.
- HERRAMIENTAS SONORAS. Móviles, campanas, cortinas de cuentas y fuentes.
- HERRAMIENTAS QUE MODIFICAN LA CUALIDAD DEL AIRE. Ionizadores y lámparas de sal.
- BAILARINES DE VIENTO. Móviles,

estandartes, banderas y molinillos.

- ELEMENTOS AROMÁTICOS. Inciensos y esencias.
- OBJETOS PESADOS. Muebles, esculturas y piedras.
- SERES VIVOS. Animales y plantas.
- ELEMENTOS DE LA SIMBOLOGÍA CHINA. Baguas, cristales y espejos, dragones, monedas chinas antiguas, espadas del dinero y espadas de las siete estrellas, objetos de jade, el Buda feliz, las flautas de bambú, etc.

Estos armonizadores atraen y regulan adecuadamente el flujo de la energía. Situándolos en las líneas de aceleración, convierten éstas en espirales y las obligan a deslizarse suavemente; colocados en lugares donde la energía se ha estancado, la impulsan a moverse. Aunque todos ellos son benéficos, según las características del espacio que se desee neutralizar, será más conveniente utilizar unos u otros.

LAS CURAS DE LUZ

Para las curas de luz se utilizan cuatro tipos de objetos diferentes:

- BOLAS FACETADAS. También son conocidas por el nombre de bolas de Feng Shui o cristales «arco iris», ya que al ser cristales muy puros y exquisitamente tallados, descomponen la luz que incide en ellas reflejándola con los diferentes matices del arco iris. Los cristales tallados tienen la propiedad de armonizar el entorno, ya que activan el Chi en los lugares desvitalizados, donde éste se ha estancado. A la vez, suavizan o frenan la energía excesiva. Los de mayor pureza son los cristales al plomo austríaco porque son los que refractan la luz con mayor nitidez. Las bolas facetadas se colocan en las zonas peligrosas para ondular el flujo del Chi (lugares que tengan puntas agresivas, cerca de las columnas, en puertas conflictivas) o bien para evitar la fuga de energía, en cuyo caso se deben poner en la ventana. Las hay de diversos colores que representan los distintos lugares de la casa, o bien transparentes que sirven para cualquier lugar.
- LOS CUARZOS. Tienen la cualidad de tonificar la energía.

◀ *Tanto las plantas como los animales sirven de armonizadores para equilibrar el Chi.*

Los elementos naturales, a la vez que sirven para decorar una estancia, son excelentes herramientas para curar.

Sus características son similares a las de las bolas facetadas pero requieren un cuidado más minucioso. Un cuarzo no alcanza todo su poder a menos que esté inmaculadamente limpio y cargado. Para tenerlo en óptimas condiciones, deberá ser lavado periódicamente con un chorro de agua caliente y luego, ser expuesto al sol durante unas horas. Una vez preparado, se coloca sobre la superficie de algún mueble o se cuelga en el área que se quiera purificar.

- LOS ESPEJOS. Son considerados *las* «aspirinas del Feng Shui»; tienen el poder de desviar o repeler el Chi negativo que incida en ellos. También pueden cumplir otra función: dar sensación de amplitud a las estancias pequeñas. Como en ellos, la luz se refleja y difunde mejor, corrigen las asimetrías en las estancias que no tengan un adecuado equilibrio en su construcción. Los espejos que no son planos, es decir los cóncavos y convexos, se pueden usar para otros propósitos: los primeros atraen la energía benéfica y los segundos rechazan con mayor eficacia la nociva. Para que cumplan eficazmente su cometido, es imprescindible que estén perfectamente sanos, ya que al astillarse forman aristas filosas que aceleran el Chi. Estos espejos no sólo se colocan en las habitaciones; también se pueden utilizar en el exterior, de frente a las flechas envenenadas procedentes de las construcciones del entorno, a fin de repeler las que apunten a la casa. El espejo no tiene por qué estar a la vista; puede ser colocado detrás de un cuadro, de un mueble, de una cortina, etc. No hay que olvidar que no se trata de rechazar la luz visible, sino la corriente energética negativa que amenace el lugar. Los expertos chinos utilizaban a tal fin espejos de bronce, muy pulidos. Algunos, pequeños, se llevaban colgando de la cintura para proteger a su portador. A tal efecto, hoy se puede utilizar un pequeño disco de metal, preferiblemente redondo. Las medallas con imágenes de santos que se llevan al cuello cumplirían el mismo propósito.

- Los puntos de luz. La luz juega un importantísimo papel en el organismo ya que su presencia o ausencia determina el mayor o menor funcionamiento de algunas glándulas y la producción de ciertas hormonas. Es un elemento que, por sí solo, separa el espacio en dos sectores: luz y sombra, claro y oscuro, blanco y negro. Jugando con la iluminación se pueden crear efectos sorprendentes: la simple colocación de focos de poca potencia en mesas bajas y en diferentes zonas del salón creará ambientes íntimos perfectamente delimitados. Por el contrario, si ese mismo salón es iluminado de forma general y desde arriba, se establece un gran espacio abierto y alegre, pero en el cual la intimidad no tiene cabida.

Los puntos de luz son especialmente aptos para los rincones donde se produzcan estancamientos de energía, ya que atraen el Chi y lo hacen circular suavemente. Se puede utilizar casi cualquier tipo de elemento de iluminación: lámparas de aceite o de sal, velas, lámparas halógenas, bombillas, etc. Todos ellos son beneficiosos a excepción de los tubos fluorescentes. La razón por la cual el Feng Shui los desaconseja es que parpadean y arrojan una luz artificial que no tiene el espectro luminoso completo. Esa luz, aunque tiene la ventaja de no producir sombras, lo cual es

▲ *Entre otras funciones, los espejos desvían el Chi negativo de una habitación.*

conveniente para ciertos trabajos, es enfermiza y agota el Chi. Si no queda otro remedio, lo mejor es evitar que estén directamente expuestos; se pueden esconder en las molduras próximas a los techos o poner delante una rejilla que difunda la luz más adecuadamente. No obstante, lo más recomendable es reemplazarlos por bombillas cuya luz, más cálida, atrae mejor la energía positiva. Con ello, seguramente se evitarán dolores de cabeza, malestar, nerviosismo y altercados entre las personas que compartan la habitación. No hay un patrón establecido que determine dónde deben ser situados los puntos de luz; eso depende de las actividades que se desarrollen en cada habitación. Lo importante es hacer pruebas prestando mucha atención al estado de ánimo o la productividad que las diferentes colocaciones despierten.

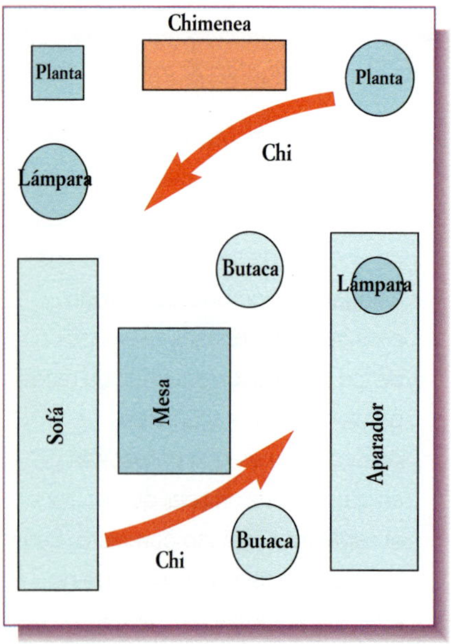

En este plano de la habitación de la derecha comprobamos como el Chi fluye correctamente gracias a las dos claraboyas que hay a los lados de la chimenea.

LAS HERRAMIENTAS SONORAS

Los objetos sonoros tienen la cualidad de activar y moderar el Chi y ayudan a definir las fronteras entre dos zonas. Sirven, además, para anunciar la llegada de una visita, proporcionando con ello una mayor seguridad.

El sonido es un elemento que toca directamente a la emoción. La música, por ejemplo, puede cambiar completamente el estado de ánimo de una persona sin que ésta sea claramente consciente de qué se ha producido en su interior. De las imágenes o palabras uno puede defenderse mediante razonamientos o interpretaciones, sin embargo es imposible razonar la música o los sonidos para darles un sentido tranquilizador. Todo lo que se puede hacer es intentar comprender qué fuente

los está emitiendo.
Hay sonidos que resultan sumamente perturbadores, de los que se dice que dan grima, por ejemplo, el chirrido que a veces produce la tiza en una pizarra. La explicación que han dado algunos biólogos a ese fenómeno es que en la memoria colectiva de la especie guardamos un sonido increíblemente similar: el chillido de alerta de los primeros homínidos. Por esa razón, al oír la tiza, interpretamos ese sonido como una señal de peligro y psicológicamente respondemos con desesperación. Entre los sonidos que favorecen el equilibrio pueden citarse los de la naturaleza, la música, las voces serenas y bien moduladas; en el polo opuesto, puede decirse que aquellos que deterioran la estabilidad son los que provienen de aparatos eléctricos, las voces airadas, los sonidos industriales, el del tráfico o el de las tuberías, entre otros.
El sonido es vibración y toda vibración produce energía. Por ello, los aparatos que tienen piezas mecánicas que giran perturban el normal flujo del Chi. El Feng

▲ *La música tiene el poder de cambiar completamente el estado anímico de una persona.*

Shui recomienda mantenerlos desconectados mientras no se estén utilizando. Es aconsejable prestar atención a los ruidos del ambiente a fin de detectar qué fuentes los producen. Si se determina que son sonidos nocivos, se deben neutralizar mediante la colocación de una planta o de herramientas sonoras propias del Feng Shui. Entre éstas pueden citarse: móviles, campanas, cortinas de cuentas y fuentes.

- LOS MÓVILES. Estos objetos se construyen haciendo colgar de un eje central varios elementos sonoros. Los hay de muchos tipos, pero los más adecuados para hacer curas de Feng Shui son los que están formados por tubos metálicos. Antiguamente se colocaban en las puertas de los negocios para que funcionaran a modo de alarma. Estos elementos atraen la energía positiva creando una atmósfera benéfica en su entorno. También se cree que reducen el estrés y la apatía, a la vez que delimitan diferentes zonas en la habitación. Se pueden confeccionar con diferentes materiales pero conviene, antes de instalarlos, comprobar que el sonido que producen resulte agradable y apaciguador.
- LAS CAMPANAS. Se utilizan ampliamente en el Feng Shui ya que muchos opinan que atraen la buena suerte. Sin embargo, otros afirman que deben utilizarse con cuidado porque podrían resultar incluso peligrosas. Esa idea está basada en una antigua creencia china que asegura que el repicar de una campanilla crea un camino de sonido entre el cielo y el infierno. En los templos budistas o taoístas, es bastante frecuente ver pequeñas campanitas colgadas en el exterior que tienen por objeto alejar espíritus errantes durante el día. Por la noche, esos fantasmas se refugian en ellas para descansar. Como es un objeto que tiene un sentido religioso, algunos consideran que deben utilizarse sólo en templos y que su presencia en el interior de las casas podría favorecer el

El movimiento del agua, como el del mar, expulsa o impide la llegada del Chi negativo.

asentamiento de malos espíritus en ellas. Lo recomendable, en todo caso, es situarlas del lado de afuera de la ventana; el sonido que les arranca el viento mejora la circulación del Chi y, además, mantiene alejadas las fuerzas negativas.

- LAS CORTINAS DE CUENTAS. Las cortinas hechas con semillas, cuentas de colores o de cristal, chapas, huesos de frutos, plástico, metal o madera también se consideran herramientas de Feng Shui. Se emplean para delimitar espacios, crear barreras y establecer límites. Estas vistosas cortinas se comportan a modo de puertas protectoras ya que anuncian, con su sonido, la llegada de las personas que las atraviesan. Su sonido activa el Chi y, en el caso de estar confeccionadas con trozos de cristal o algún otro elemento de superficie muy pulida, reflejan la luz creando una atmósfera benéfica.
- LAS FUENTES. Las más antiguas civilizaciones han atribuido al agua poderes especiales porque han comprendido que con el movimiento del agua generan armonía, salud, éxito y prosperidad. A menudo se disponen fuentes en los negocios a fin de atraer el dinero. Según la creencia china, la fuerza del agua expulsa o impide la llegada de Chi negativo o conflictivo a un lugar, por lo que se consideran protectoras. Con esta finalidad se las suele colocar en la entrada, a mano izquierda, para

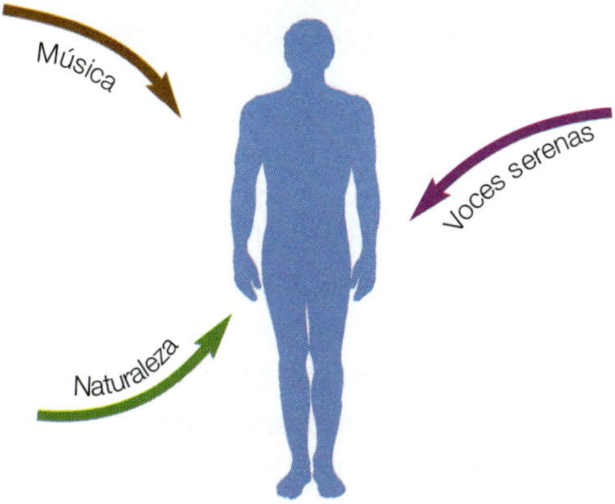

Los sonidos actúan sobre el centro emocional modificando el humor. Según su naturaleza, propician la serenidad o provocan tensiones.

▲ *Las vigas son un elemento perturbador, pero las enredaderas y el pozo contrarrestan su efecto nocivo.*

que pueda advertir a los habitantes de la casa si algún peligro acecha a la construcción o a los residentes. Se las ha incluido dentro de las herramientas sonoras por el murmullo que produce el agua al caer. Su movimiento estimula y refresca el Chi y crea un entorno relajante que aquieta la energía. Todo ello favorece la concentración y la calma interior. Si la fuente se instala en el jardín o en un patio exterior, hay que tener en cuenta que el agua debe fluir hacia el interior de la casa o del negocio. En el interior, los lugares más adecuados son los recibidores, las salas de espera, los altares, las mesas de trabajo, las salas de estar o de terapias. En estos casos es importante que el agua fluya hacia el interior de la habitación. El sonido que produzca el agua de la fuente que se coloque es tan importante como su forma o su color. Su tamaño deberá estar proporcionado al de la habitación ya que si es demasiado grande perturbará el movimiento y la potencia del Chi. Si se usa una fuente con sistema cerrado, es mejor llenarla de agua destilada para que se mantenga limpia por más tiempo. Las otras deberán ser limpiadas de vez en cuando porque el estancamiento del líquido o la suciedad que en él se acumule pueden generar energía negativa en el entorno.

LA CUALIDAD DEL AIRE

Los iones son partículas atómicas cargadas positiva o negativamente. Están en todo lo que nos rodea, el aire incluido. Las investigaciones realizadas, sobre todo en los últimos años, han mostrado que un exceso de iones positivos es perjudicial para la salud y que, por el contrario, los iones negativos la benefician.
Como las partículas de polvo en suspensión atrapan los iones negativos que hay en el aire, cuando hay suciedad éste queda más saturado de

▲ *Las campanas son muy usadas en los templos budistas porque se piensa que alejan los espíritus errantes durante el día.*

▲ ► *El agua, elemento esencial para la vida, protege el entorno de las corrientes negativas, armoniza suavemente el Chi y atrae la prosperidad en su entorno. Las fuentes se usan para impedir la llegada de Chi negativo y, por lo tanto, tienen una función protectora.*

iones positivos o perjudiciales. Las gotas de agua, por el contrario, atrapan los iones positivos dejando la atmósfera circundante rica en benéficos iones negativos.

En los momentos previos a las tormentas, mucha gente se siente tensa, nerviosa, ansiosa y con dolor de cabeza; pero cuando ésta se desata, se produce un alivio. La razón es que antes de llover, el aire se encuentra muy cargado de iones positivos que luego son atrapados por las gotas de lluvia. Por ello la lluvia deja siempre la atmósfera mucho más limpia.

Las causas más comunes de ionización positiva del aire en nuestros hogares y lugares de trabajo son: el polvo, las fibras sintéticas que no están tratadas antiestáticamente, la contaminación atmosférica, la sequedad del ambiente, el humo de los cigarrillos, el aire acondicionado, el televisor, las pantallas del ordenador, la radiación natural y las corrientes telúricas, las fallas y las zonas geopatológicas.

Se calcula que los iones positivos acumulados en nuestros hogares y oficinas exceden, por lo general, en diez veces las normas ambientales adecuadas; razón por la cual es menester poner remedio a esa situación.

Se pueden producir iones negativos humedeciendo el aire por medio de un pulverizador de agua o poniendo ésta en cuencos, en diferentes puntos de la habitación. Para evitar el estancamiento de Chi habrá que renovarlos diariamente.

También las plantas descargan iones negativos a la atmósfera, de manera que es bueno tener algún tiesto o pequeños jardines en cada uno de los ambientes.

En los comercios especializados se pueden conseguir humidificadores, fuentes de agua y diversos aparatos que ionizan negativamente el aire; algunos

de ellos son utilizados habitualmente con fines terapéuticos. Reciben diferentes nombres: generadores de iones, ionizadores de aire, generadores de ozono y purificadores electroestáticos.
Otro ionizador natural es la lámpara de sal. Están hechas con roca de cloruro de sodio que contiene, además, elementos tan importantes como el yodo. Al ser calentadas por la luz, además de crear un clima tenue y agradable, limpian el aire de iones positivos. Despiden destellos blancos y anaranjados, según el color de las vetas que tenga la roca.
Se llama «bailarín de viento» a cualquier objeto que sea construido para que se mueva con la brisa. Algunos se cuelgan, solos o en grupo; otros, como los molinillos, se dejan fijos en un lugar donde haya corriente de aire para que sus aspas giren. Lo móviles, las banderas, banderolas y estandartes, también son considerados bailarines de viento que se utilizan en Feng Shui para atraer y hacer circular la energía.
Normalmente se ponen en las esquinas agresivas o frente a las flechas venenosas. En los negocios, se colocan en la puerta de entrada para invitar a la buena fortuna.
Además de servir de adorno aligeran las vigas, quitan agresividad a los techos inclinados y suavizan el Chi que circula por los pasillos rectos.

▲ *Las plantas descargan iones negativos a la atmósfera, por eso conviene tener algún tiesto en casa.*

EL MUNDO DE LOS AROMAS

Para la mayoría de la gente el olfato es el sentido al que menos atención le presta. Mientras no haya en el entorno un olor penetrante inusual, peligroso o especialmente agradable, los diferentes aromas que nos circundan son ignorados, no llegan al foco de la conciencia.

Sin embargo, como el olfato está físicamente asociado al centro nervioso que controla las emociones, los olores tienen una especial importancia a la hora de hacernos sentir bien o mal. Un aroma puede desatar los recuerdos más antiguos, recrear sensaciones olvidadas durante mucho tiempo, traer a la memoria no sólo hechos e imágenes de una sorprendente claridad sino, además, también la emoción que las ha acompañado.

Estas características del olfato hacen de los estímulos aromáticos una herramienta adecuada para equilibrar, relajar o estimular. Con ellos se consigue un Chi ondulante y armónico.

La aromaterapia enseña cómo usar y mezclar las diferentes sustancias aromáticas para crear diferentes climas, pero cada persona puede escoger las fragancias que considere más adecuadas a sus propias necesidades, o las que le evoquen las situaciones que quiera recrear.

En Feng Shui se utilizan inciensos, aceites esenciales, pétalos de flores y plantas que despiden olor. Estos elementos son especialmente útiles para activar el Chi en aquellas zonas en que pueda estancarse o bien para enfatizar ciertas cualidades de un espacio. En un dormitorio, por ejemplo, sería adecuado utilizar aromas relajantes y en un lugar de trabajo, esencias estimulantes.

Las plantas aromáticas o las que tienen flores olorosas pueden utilizarse como emisores aromáticos. Además de armonizar el Chi por sus formas generalmente curvas, cumplen una función decorativa.

Para hacer el mejor uso de ellas, es

▲ *Las civilizaciones más antiguas han atribuido al agua poderes como generadores de armonía, salud, éxito y prosperidad.*

necesario conocer sus cualidades:

- Las hojas frescas de albahaca, puestas en agua, aclaran la mente y elevan el espíritu.
- La fragancia de bergamota, al igual que la de naranja, propicia la confianza. Es adecuada para las salas de estar y, sobre todo, para los consultorios a los que acuden enfermos, ya que su presencia disipa los temores.
- La fragancia de las gardenias frescas es relajante. Un ramillete de estas flores, en agua, se puede colocar en la habitación que se utilice al regresar del trabajo, a modo de bienvenida. Su aroma también esparce energías amorosas.
- La hierbabuena posee propiedades similares a las de la albahaca. Existe un hechizo popular que consiste en frotar sus hojas sobre los billetes, antes de gastarlos, para asegurar que vuelvan. Es especialmente apta para adornar los locales y negocios.
- Las hojas de laurel despiertan la conciencia psíquica a la vez que purifican el entorno. Este aroma, utilizado en Grecia por las sibilas de Delfos, se desprende al estrujar las hojas frescas o al aplastar o machacar las hojas secas. Un árbol de laurel también puede esparcir su benéfico aroma en los balcones de las habitaciones o junto a la puerta de entrada.
- El olor a lilas frescas se usaba antiguamente para ahuyentar los fantasmas. Según este saber se colocan jarrones con lilas para purificar un espacio y se utiliza como esencia cuando es necesario realizar cambios vitales.

El motivo de hojas y flores colocado en la parte superior de la ventana ayuda a armonizar la energía de esta habitación.

Los olores tienen el poder de hacernos sentir muy bien o muy mal, porque el olfato está asociado al centro nervioso.

- Los nardos frescos apaciguan las pasiones violentas. Su aroma calma y suaviza las emociones, por lo que puede colocarse un jarrón con estas flores cada vez que se susciten malentendidos o altercados en la familia.
- Un vaso de agua con algunas ramas de perejil desprende energías protectoras. Si en la cocina hay esquinas agresivas o lugares donde el Chi se estanque, la presencia de esta planta lo armonizará.
- El sándalo es un árbol cuya madera desprende un olor exquisito. En Oriente se considera que su aroma es afrodisíaco, aunque también promueve la meditación y la espiritualidad. Las tallas de sándalo son adecuadas para armonizar el Chi, pero no son fáciles de conseguir. Sí son fáciles de conseguir los abanicos fabricados con su madera, que se pueden colgar a modo de bailarines de viento de las vigas agresivas o en otros lugares de la casa donde sea necesaria una cura.
- La planta estimulante por excelencia es el tomillo, de ahí que sea la más adecuada para los lugares de trabajo. Se puede poner en algún rincón un ramillete seco para que disperse su aroma por toda la estancia.
- La menta aporta claridad mental y mejora la respiración. Es muy apropiada para los lugares de estudio.

- Las rosas estimulan la apertura del corazón y son símbolo de amor, paz y belleza. Un jarrón con rosas en la

Las fragancias de plantas y flores tienen cualidades que influyen en las personas. Por ejemplo, las rosas son símbolo de amor, paz y belleza.

mesa de una cena íntima, creará el clima apropiado para suscitar la comunicación entre dos enamorados.

Los aceites esenciales se consiguen extrayendo los principios básicos de los vegetales aromáticos. Conviene utilizarlos diluyendo dos o tres gotas en agua ya que, al ser muy concentrados, podrían desequilibrar las fuerzas energéticas. Además, al ser aceites muy pesados, tienen una evaporación muy lenta y en su forma pura deterioran las lámparas aromatizadoras y los difusores. Los aceites también se pueden emplear para ungir velas. En este caso, primero habrá que mezclar unas gotas del aceite esencial con otro aceite básico como el de oliva o el de girasol a fin de rebajarlo. Para obtener baños terapéuticos, se puede añadir un par de gotas de aceite esencial al agua de la bañera. Son aptos para la elaboración de cremas de masaje y para ser mezclados con aceites corporales.

Es necesario advertir que algunas personas pueden ser alérgicas a cualquiera de estas esencias, de modo que al principio será conveniente usarlas en muy pequeñas dosis hasta comprobar que no resultan nocivas. Si alguno de los moradores de la casa

presentara tos persistente, dificultad respiratoria, rinitis, lagrimeo o cualquier otro síntoma alérgico, deberá suspenderse inmediatamente el uso de ese aroma.

A continuación, se explican las cualidades de los aceites esenciales más comunes:

- El benjuí revitaliza, aumenta la energía del cuerpo y estimula la mente. Es el más adecuado para aquellas estancias en las que se realice un trabajo intelectual (despachos de abogados, lugares de estudio de los niños, etc.).
- La canela estimula la acción, da energía y despierta emociones fuertes, por lo que su uso se restringe a lugares activos (gimnasios o salas de estar). Está contraindicado en las consultas médicas o en todo lugar en el que sea conveniente crear una atmósfera sosegada.
- El cardamomo clarifica la mente, estimula el apetito y despierta los deseos sexuales. Es apropiado para el comedor y el dormitorio.
- El cedro es un calmante con cualidades espirituales. Se emplea para fomentar la concentración y como tranquilizante. Puede utilizarse en el dormitorio y en aquellos lugares que se destinen a la meditación.
- El ciprés armoniza las energías, suaviza la respiración y aporta consuelo. Es el más adecuado para ser quemado en los momentos difíciles, cuando se deban superar problemas. También puede ser empleado en las reuniones sociales

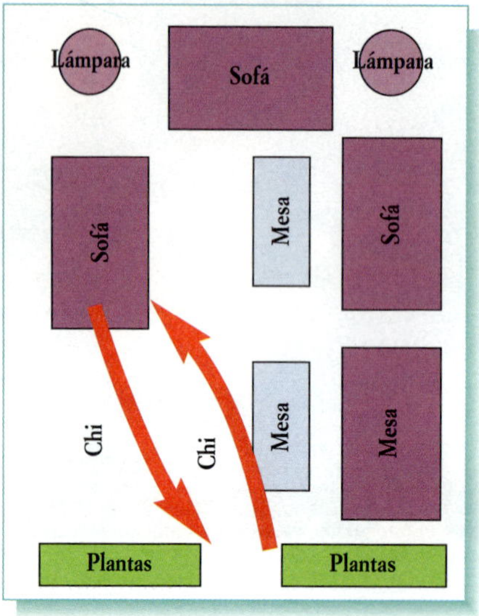

El paso del Chi por este porche es constante, pero para retener su influencia positiva se han colocado algunas macetas con plantas y los muebles están hechos con un material natural.

a fin de establecer un ambiente distendido y agradable.

- El eucalipto descongestiona las vías respiratorias y purifica el ambiente. El uso de este aroma es ideal para impregnar el dormitorio después de un día agotador.
- El «ilang ilang» *(canaga odorata)* es suavizante, sedante y ayuda a conciliar el sueño. Calma la ira y los estados emocionales negativos. Con frecuencia libera los nudos de tensión y la ansiedad retenida. Puede aumentar el erotismo.
- El jazmín se utiliza para tratar los trastornos emocionales relacionados con la actividad sexual y ayuda a relajar el cuerpo. Todo ello lo hace apropiado para el dormitorio.
- El jengibre aporta energía y se utiliza también como afrodisíaco. Fomenta el valor y la confianza en uno mismo.
- En los ambientes muy cargados, cuando se producen fricciones o altercados, la lavanda libera tensiones. Posee efectos armonizantes, ideales para el cuarto de baño y los dormitorios. Se pueden guardar las flores secas de esta planta en un saquito y poner éste entre las sábanas limpias para que se impregnen de su aroma.
- El limón es un depurativo que se emplea en las limpiezas energéticas. El alivio que procura en el cansancio mental lo hacen adecuado para los lugares de estudio o trabajo intelectual. Así como se puede utilizar su esencia, también es posible colocar limones cortados por la mitad, en un cuenco con agua, en aquellas habitaciones en las que se desee un ambiente limpio y energético.
- El patchouli cuenta con propiedades evocativas y afrodisíacas.
- El pino equilibra la energía corporal y acelera cualquier proceso de

curación. Es especialmente apto para las habitaciones de los enfermos porque, además, revitaliza.

- El vetiver se emplea a modo de protección contra las energías negativas. Deberá ser quemado en aquellos lugares en los que el Chi pueda acelerarse o estancarse. También es apto para atraer el dinero.

Las plantas pueden ser utilizadas como armonizadores. Suavizan y modulan el Chi acelerado, activan la energía en rincones y zonas de estancamiento y refuerzan el elemento madera.

LA ARMONIZACIÓN CON OBJETOS PESADOS

Los muebles, las esculturas, las piedras y las rocas también se usan como armonizadores del Chi. El Feng Shui considera que su presencia sirve de anclaje a la energía. Sin embargo, habrá que tener cuidado de colocar los que tengan una forma apropiada que no desequilibre la habitación.

LOS MUEBLES, ESA PRESENCIA INDISPENSABLE

La colocación de los muebles determina la manera en que el Chi se desplaza por todo el espacio. Éste debe penetrar por la puerta principal y fluir suavemente alrededor de la casa nutriendo todos los rincones para salir, finalmente, por la ventana.
Es importante que el mobiliario no entorpezca su acceso a las habitaciones ni interrumpa su flujo.
La primera regla básica con respecto a la colocación de los muebles es que el centro de la estancia quede siempre vacío. Si la habitación ha sido dividida en dos áreas, deberán considerarse los centros de cada una de ellas y no el de la habitación.

Imaginemos un salón en el cual se ha utilizado un tresillo o un biombo para dividirlo en dos estancias más pequeñas. En el centro de cada una de las divisiones creadas, habrá que dejar un espacio completamente vacío.

Cada forma crea un campo de fuerza a su alrededor, de forma que cada mueble modificará el Chi según su estructura. En las líneas rectas y en las puntas, la energía se proyecta como un cuchillo emitiendo un Chi cortante, una flecha envenenada capaz de deteriorar nuestro campo energético personal. Por esta razón es importante colocar en diagonal aquellos elementos que tengan los bordes muy definidos. Por la misma causa, es mejor utilizar vitrinas con puertas a fin de evitar los bordes rectos de los estantes. Si eso no fuera posible, se pueden suavizar colocando volantes en sus bordes.

En las esquinas y rincones, el Chi es absorbido, por ello se estanca. Si se coloca en ellas una silla o un sillón, producirá cansancio o malestar a quien la ocupe durante cierto tiempo, de ahí que se recomiende no poner ningún asiento en un ángulo. Del mismo modo, es desaconsejable situar junto a una columna una mesa que se use mucho,

ya que en ese lugar el Chi no circulará adecuadamente.

Las vigas son otro de los elementos que también alteran la corriente energética haciendo que ésta ejerza una presión de arriba hacia abajo. Cuando una persona permanece debajo de ellas durante muchas horas, experimenta cansancio y opresión. Una buena manera de aprovechar ese espacio tan insano para las personas es poner, precisamente debajo de las vigas, algún mueble.

ESCULTURAS, UN REGALO PARA LA VISTA

Las esculturas de cualquier material tienen la capacidad de reforzar el área en el que estén colocadas. Como son objetos artísticos, transmiten la idea que haya motivado a su creador; por ello será necesario escoger aquellas que simbolicen cosas que resulten positivas para los habitantes de la casa.

El Feng Shui desaconseja colocar obras de arte abstracto en lugares donde se precise claridad y atención, porque este tipo de figuras representan un universo fragmentado y promueven una energía confusa que puede afectar al entorno. Los lugares menos indicados para ponerlas son los estudios, oficinas o habitaciones donde sea necesario mantener una actitud de claridad mental y concentración. Sí pueden utilizarse figuras o cuerpos geométricos muy puros, aislados, como por ejemplo una esfera, un cubo o una pirámide.

Las parábolas son líneas que pueden alterar el Chi tan negativamente como las líneas rectas; por lo cual, no es conveniente colocar platos u objetos parabólicos en las paredes.

También se desaconsejan las máscaras africanas o cualquier otro elemento asociado a ritos funerarios o mágicos. La razón es que pueden estar cargadas de vibraciones poco apropiadas para un hogar o una oficina. Si tienen un sentido religioso concreto y afín a los habitantes de la casa, deberán ser debidamente bendecidas antes de colocarlas con el respeto y la sacralidad que merecen.

LAS PIEDRAS

Las piedras hacen el efecto de escudos minerales. Los usos que se les han dado a lo largo de la historia han sido muy variados: los antiguos taoístas las incorporaban en sus jardines para simbolizar el mundo material y la estructura del esqueleto humano.

El Feng Shui utiliza los guijarros y las piedras de jardín para simbolizar estados neutros entre varios elementos o

▲ *Las plantas son almacenes de energía que sirven para armonizar lugares donde hay muchas columnas, como sucede en este porche.*

actividades; son como puntos de reposo. Las rocas y las piedras grandes son empleadas para dar peso a algún lugar que lo precise, así como para crear barreras y establecer límites.

LOS SERES VIVOS

Los seres vivos aportan fuerza vital a un lugar y ayudan a que el Chi fluya armónicamente. Son portadores de energía vital y nos conectan con la maravilla del mundo natural.
Hoy, que pasamos muchas horas en espacios artificiales y sintéticos, necesitamos de animales y plantas para acercarnos a la naturaleza. Los acuarios, peceras, plantas y animales domésticos restauran el equilibrio del entorno. Tienen la capacidad de imprimir un movimiento constante y renovador a la energía.

LAS PLANTAS

Hace cinco mil años los chinos ya adornaban sus palacios con plantas en macetas ornamentales. Los famosos jardines colgantes de Babilonia consistían en terrazas adornadas con vegetales que habían sido allí plantados. También hay constancia, en bajorrelieves que datan de 1400 a. C., de que los antiguos egipcios las coleccionaban. Las plantas son grandes reservas o

almacenes de energía. Purifican el aire, hacen circular correctamente el Chi y refrescan los lugares cerrados. Son ideales para corregir el flujo energético que se acelera en los pasillos largos o en los lugares donde hay muchas rectas o parábolas. También sirven para armonizar los lugares próximos a las columnas.
Debido a que actúan como paredes energéticas, también pueden ser colocadas para corregir habitaciones asimétricas o para dividir espacios.
Otra de las ventajas que ofrece la decoración con plantas es que éstas absorben la contaminación y renuevan el aire; en especial los potos *(raphidophora)*, las cintas *(clorophytum)* y, sobre todo, la planta del dinero *(poisentia)*. Uno solo de estos ejemplares es capaz de limpiar el aire de una zona de, aproximadamente, diez metros cuadrados.
Los árboles tienen un tratamiento especial en el Feng Shui ya que esta disciplina distingue entre aquellos cuyo follaje mira hacia arriba y los que tienen las hojas mirando hacia abajo. Los primeros, como los pinos, se considera que transmutan la energía hacia arriba; los segundos, como los sauces, la transmutan hacia abajo. El Feng Shui desaconseja totalmente utilizar estos últimos en los hogares.
La importancia de los árboles es

◀ ▲ *Tanto en el jardín de la izquierda como en el de arriba se han usado elementos favorecedores del Chi: objetos redondeados, puente de madera y piedras.*

indiscutible: son vitales para la ecología del planeta, aseguran la fabricación de oxígeno, reducen los gases que calientan la atmósfera y evitan la erosión exagerada de la corteza terrestre.

Tienen la peculiaridad de ser los seres vivos más longevos del planeta y hay algunos que cuentan con más de tres mil años de edad.

Según una vieja leyenda china, los árboles conocen el lenguaje de Dios, por eso se recomienda que cada persona plante el suyo, ya sea en su jardín, en un parque público, en el campo o en la propia casa, en una maceta. Una vez que el árbol crezca, deberá atarse al tronco o a una de sus ramas una cinta roja y otra amarilla (el rojo simboliza la felicidad y el amarillo el poder, la nobleza y la estabilidad). Esto dará fuerzas a su dueño para que pueda enfrentar con éxito cualquier problema.

Quienes no puedan plantar su propio árbol pueden adoptar alguno ya crecido que se encuentre en la calle o en un parque.

El Feng Shui recomienda no tener bonsáis en el interior de la vivienda ya que estos árboles, que han sufrido un crecimiento forzado y detenido, podrían alterar nuestro desarrollo personal. También desaconseja las

plantas con formas agresivas como, por ejemplo, los cactus. Si se usan en interior, será conveniente ponerlas en medio de otras que tengan formas redondeadas. Las plantas más aptas para interiores son las de hojas anchas y de curva pronunciada.

Los ejemplares enfermos o mustios deberán ser alejados de aquellos lugares en los que la gente pase muchas horas al día para que no absorban el Chi. Se las puede dejar en un lugar aislado, con algún elemento que atraiga la energía a fin de revitalizarlas.

Cuando los animales están sanos son grandes fuentes de Chi. El canto de los pájaros aumenta la energía en una vivienda. Para la cultura china el pez simboliza la felicidad.

Las flores artificiales no son apropiadas ya que no aportan energía alguna; en cambio sí pueden colocarse ramilletes secos en las distintas habitaciones. La única precaución que debe tenerse es cambiarlas cada cierto tiempo ya que, poco a poco, pierden su fuerza.

LOS ANIMALES

Los animales son grandes fuentes de Chi, siempre y cuando se encuentren en buen estado de salud. Al moverse por las diferentes habitaciones, desplazan la energía y aportan vida. Es necesario que tengan su propio rincón, un lugar en el que se sientan cómodos y felices.

Las peceras y los acuarios se

consideran pequeños microcosmos de la naturaleza. Para los chinos, el agua es imprescindible ya que es el medio en el que se cultiva el arroz. Por esta razón simboliza el dinero. En los despachos y negocios de ese país, se usan acuarios o peceras para atraer la fortuna y evitar la mala suerte. Cuando los peces mueren hay que retirarlos al instante y, a ser posible, sustituirlos.

Los acuarios con bombas de aire, que imprimen un movimiento al agua, son considerados por algunos autores los más efectivos ya que, al igual que las fuentes, se considera que estimulan la energía.

En el antiguo folclore chino, el pez simboliza la felicidad, la serenidad, la prosperidad y la abundancia; de ahí la costumbre de regalar una pareja de peces como presente de boda.

Los perros y gatos nos ayudan a detectar las zonas que irradian buena o mala energía. Los primeros prefieren descansar en lugares que irradian un Chi positivo y bien modulado. Los segundos buscan sitios con Chi negativo.

El canto de los pájaros aumenta la energía de la vivienda, pero no es necesario encerrarlos en una jaula; bastará poner un comedero de pájaros en la parte externa de una ventana o bien dejar en el alféizar un platito de

granos de alpiste o de miga de pan para que las aves se acerquen.

Huelga decir que tanto las plantas como los animales merecen todo el respeto y cariño que podamos brindarles. Un ejemplar enfermo o triste, sea vegetal o animal, deteriorará la energía de todo el lugar, mientras que uno sano y contento generará fuerzas positivas que beneficiarán a la casa y a sus moradores.

CAPÍTULO 3

Colores y formas

LAS VIBRACIONES QUE CADA COLOR EMITE SEGÚN SU TONALIDAD SON PERCIBIDAS POR EL CUERPO HUMANO QUE REACCIONA ANTE ELLAS FÍSICA Y EMOCIONALMENTE. LOS FÍSICOS HABLAN DE LA «TEMPERATURA» DEL COLOR Y ESTÁ COMPROBADO QUE LOS COLORES CALIENTES, COMO EL ROJO O EL AMARILLO, SON ESTIMULANTES E INDUCEN A LA ACTIVIDAD, MIENTRAS QUE LOS FRÍOS, COMO EL AZUL, EL VERDE O EL VIOLETA, RELAJAN E INCITAN A LA PASIVIDAD.

LOS publicistas se valen del color para expresar las cualidades de los productos e incitar a los potenciales clientes a comprar. Los anuncios de electrónica, por lo general, tienen un tono azulado y frío que apela a la racionalidad; los de sexo, un estimulante color rojo; los de herbolarios, un verde sedante o un amarillo que inspiran salud y naturaleza. Gracias al color refuerzan el mensaje que quieren emitir.

Los colores poseen energía, de ahí que el Feng Shui los tenga muy en cuenta a la hora de crear ambientes armónicos, acordes a la actividad que se realice en ellos. Aprovechan sus efectos psicológicos y fisiológicos para provocar las sensaciones más adecuadas y utilizan sus diferentes tipos de energía para equilibrar el Chi, para corregir defectos en la construcción de las viviendas, para dar amplitud a espacios pequeños o conseguir sensación de intimidad en las áreas grandes.

Este salón, a pesar del techo inclinado, está muy despejado, lo cual facilita el paso del Chi. Además, se han colocado muchos muebles de madera, que siempre aportan bienestar.

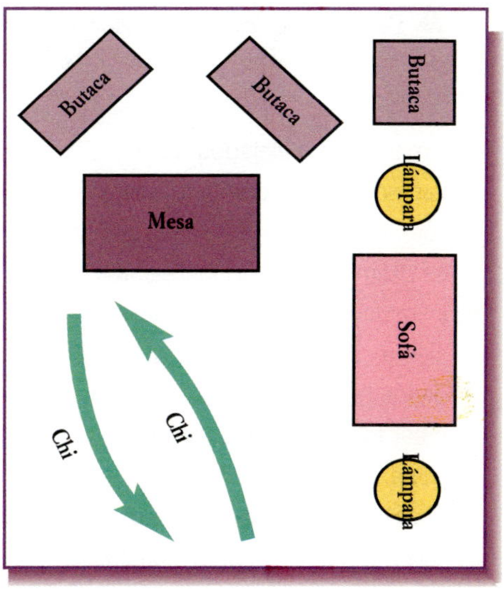

Mediante un cambio de color en paredes y techos, se puede dividir una habitación en espacios más reducidos. Una sola línea roja en el suelo es suficiente para que, en los bancos, los clientes intuyan sin necesidad de explicación alguna que deben hacer cola detrás de ella

▲ *Para suavizar los ángulos bruscos de este baño, se ha añadido un segundo espejo y algunas notas de color, como las flores, los estores y la alfombra.*

y mantenerse alejados de la ventanilla hasta que ésta quede libre. Si con sólo una línea de color se delimita este espacio ganando intimidad para que el cliente se sienta seguro, una sabia utilización de los tonos y matices permitirá crear todo tipo de ambientes y climas en cualquier lugar.

El color es un tema complejo sobre el que hay muchos volúmenes escritos, ya sea por arquitectos, psicólogos o biólogos.

Desde el punto de vista del Feng Shui, cada color tiene una energía masculina o femenina, activa o pasiva, energizante o calmante. Cada tono se relaciona con los diversos elementos de la cultura china adquiriendo así múltiples connotaciones (como puede comprobarse en el cuadro de los colores Ying-Yang).

CLASIFICACIÓN YIN YANG DE LOS COLORES	
COLORES YIN	COLORES YANG
Rosa	Rojo
Negro	Blanco
Azul	Verde
Beige-Crudos	Amarillo
Colores tierra	Púrpura
Tonos de la madera	Naranja

CLASIFICACIÓN DE LOS COLORES BASADA EN LOS CINCO ELEMENTOS	
COLOR	ELEMENTO
Rojo	Fuego
Naranja	Fuego y Tierra
Púrpura	Fuego y Agua
Rosa	Fuego y Metal
Amarillo	Tierra
Tonos tierra	Tierra
Negro	Agua
Azul	Agua
Blanco	Metal
Verde	Madera

CLASIFICACIÓN DE LOS COLORES SEGÚN LOS TRIGRAMAS	
COLOR	TRIGRAMA
Azul y verde	Trueno
Púrpura, rojo, dorado, verde y azul	Viento
Rojo y naranja	Fuego
Negro y colores oscuros	Agua
Negro, azul y verde	Montaña
Rojos, rosa y blanco	Tierra

Los colores rojo y púrpura se deben usar en los tejidos, pero nunca servirán para pintar las paredes.

LOS CLASIFICACIÓN DEL COLOR SEGÚN SU SIGNIFICADO PSICOLÓGICO

Cada color despierta una emoción diferente y predispone el cuerpo y la psiquis hacia un tipo de actividad determinado. Si a la hora de decorar cada habitación se utilizan los tonos sabiamente, se puede aportar a cada lugar una energía extra que propicie el trabajo específico para el que haya sido destinado.

Los sentimientos que despierta cada color a veces varían de una cultura a otra, pero, en términos generales, se relacionan de la siguiente manera:

- AMARILLO. Se asocia a la alegría, la longevidad, la inteligencia, el optimismo y la claridad. Apto para salones, cocinas, comedores y zonas donde la familia comparta muchos momentos. Como es excitante, no es apto para los dormitorios.
- AZUL. Propicia la serenidad, la tranquilidad, la introspección, la contemplación, la soledad, la frialdad y la seriedad. Se puede utilizar en salas de espera, despachos, lugares de estudio. Es muy apropiado para crear un rincón en el cual sentarse a reflexionar o meditar. Este color inhibe el apetito, por eso no es apropiado para decorar cocinas y comedores.
- GRIS. Se relaciona con la seriedad y con lo sombrío. Poniendo este color en el despacho de un director de empresa, por ejemplo, se logrará crear una adecuada sensación de respeto y distancia.
- MARRÓN. Representa la estabilidad. Mezclado con otros colores más activos se puede utilizar en las cocinas ya que éstas, a menudo, constituyen el lugar en el que la familia desayuna o intercambia confidencias. También es apropiado

para salones y comedores.

- NARANJA. Se vincula a la salud, el entusiasmo, el optimismo, la vitalidad, el estímulo, la igualdad, la fraternidad y la unidad. Es apropiado para lugares comunes, en especial para el salón. Su relación con la salud también lo hace adecuado para la decoración de los baños. Sin embargo, se

A menudo, en función de una decoración determinada, hay colores que no son utilizados, que no tienen presencia en la casa, privándose con ello a sus habitantes de las cualidades que proveen. La forma de solucionar este problema es poner jarrones con flores multicolores que darán, además, alegría a las estancias. También se pueden usar frutas, como las naranjas, que aportan vitalidad a la habitación.

desaconseja su empleo en los lugares de trabajo debido a que incita a la distracción.

- NEGRO. Está relacionado con la profundidad, el misterio, la independencia, la tristeza, el desánimo y la receptividad. Es un color que no se recomienda para utilizar como tono dominante, aunque sí puede emplearse si se equilibra bien con otros tonos más vivos. Es adecuado para crear efectos de sombra, para ocultar o restar importancia a una zona

▼ *El color verde que aportan las plantas es necesario para lograr espacios saludables y serenos.*

- PÚRPURA. Simboliza la introspección, los rituales, el poder, la claridad, la espiritualidad, la majestuosidad y la autoridad. Como este color combina muy bien con ciertos grises, es recomendable para reforzar la decoración de los despachos. También es apto para las zonas destinadas a la meditación.
- ROJO. Este potente color es el que más fácilmente registra nuestra vista. Representa la sangre, la vida, la energía, la embriaguez, lo prohibido, la sexualidad, la afectividad, la fuerza creativa, la guerra, la lujuria, la pasión, el amor, el coraje, el sacrificio, el peligro y el odio. Tiene la cualidad de aumentar el ritmo cardíaco y estimular el flujo del Chi. Como el exceso de energía es tan contraproducente como su escasez, es necesario utilizarlo con cuidado ya que puede generar estados de ansiedad o nerviosismo. Algunos toques con este color pueden ayudar a las personas apáticas o depresivas. Es símbolo universal de peligro. Se desaconseja su uso en las paredes; es preferible emplearlo en tejidos u objetos que puedan ser sustituidos fácilmente.
- ROSA. Se vincula a la comprensión, el buen humor, el amor, la sensibilidad, la calma y el romanticismo. Es relajante y

sedante, lo cual lo convierten en un tono apropiado para el dormitorio. Por el contrario, no se deberán pintar de rosa las paredes de los cuartos de trabajo ya que eso les restaría dinamismo.

- VERDE. Este color se corresponde con el centro del espectro cromático. Simboliza la paz, la alegría, la comprensión, la serenidad y la sensibilidad. Se asocia también con el crecimiento, la expansión y el rejuvenecimiento, de modo que se podrá utilizar en los dormitorios infantiles. No cabe duda de que las plantas aportarán los tonos de verde necesarios para crear ambientes serenos y saludables.
- BLANCO. Se relaciona con la pureza pero es, al mismo tiempo, un color muy activo. Se aconseja mezclarlo con unas notas de otro tono para que no resulte excesivamente excitante. El blanco es apropiado para cocinas, cuartos de baño, lugares en los que se procesen alimentos o que requieran la máxima pureza e higiene.

COLOR	EFECTO
Verde	Vitalidad
Frambuesa	Pasión
Amarillo	Calidez
Azul	Comunicación
Rojo	Romance

EL USO PRÁCTICO DEL COLOR

Todos los objetos que nos rodean, a excepción del cristal incoloro, tienen uno o varios tonos diferentes, de modo que la armonización del color puede lograrse no sólo mediante la pintura de las paredes sino también utilizando diversos tejidos, muebles y objetos decorativos. Incluso por medio de pantallas y lámparas que den los tonos deseados a la luz.

El empleo del color en los tejidos es muy adecuado para generar atmósferas y crear ambientes en cada situación. Los cojines, las cortinas, los manteles, los tapetes, las toallas, los paños de cocina, las fundas de tapicería, las alfombras, ofrecen la posibilidad de dar el toque deseado.

En una mesa se puede poner color en los manteles, las servilletas y la vajilla, según las sensaciones que se deseen fomentar en los comensales: el verde provocará vitalidad, el color crema la relajación, el blanco la actividad, el color frambuesa despertará la pasión, el

◀ *A la hora de decorar, es conveniente tener en cuenta que cada color despierta en nuestra psiquis una emoción diferente.*

púrpura la solemnidad, el rojo el romance, el naranja la festividad, el gris la formalidad, el amarillo la calidez y el azul la comunicación intelectual.

Se puede utilizar la vibración de un tono para cambiar nuestros estados de ánimo; envolverse en una manta azul o verde, por ejemplo, puede calmar un estado emocional agitado. Si el estrés impide el descanso, unas sábanas rosa o un cojín del mismo color puede reducir el nivel de tensión. Si se tiene un bajón energético, poner un tapete rojo sobre la mesa servirá de estimulante.

Los colores también pueden ser introducidos con el uso de velas, de pantallas en las lámparas y con las plantas y flores. Un jarrón de flores frescas de color naranja contribuirá a generar una atmósfera de optimismo, unión y amistad. Las flores rojas actúan movilizando la afectividad, incrementando la capacidad de dar, de sentir y de crear. Las amarillas operan sobre síntomas y estados depresivos, ya que la vibración de este tono es el que lleva el balance de la luz en el cuerpo, la que trabaja sobre las energías bajas. Por otra parte, las flores del color que sea siempre aportan alegría.

Conociendo las sensaciones que produce cada color y haciendo uso de la imaginación, se podrá crear la atmósfera más propicia en cada momento y en cada lugar.

LAS FORMAS

Así como reaccionamos de manera intuitiva ante cada color, según las circunstancias y el estado de ánimo, también lo hacemos ante las diferentes formas; por ello, en la teoría de los Cinco Elementos se adjudica a cada uno de ellos una figura o cuerpo geométrico determinado.

▲ *Las formas redondeadas están copiadas de la naturaleza, donde son muy habituales.*

TEORÍA DE LOS CINCO ELEMENTOS

Tierra. El cuadrado es una figura estable, sólida, reposada, cuyos cuatro ángulos son rectos. Sugiere receptividad, de ahí que sea la que se adjudica a la tierra. Para potenciar este elemento se podrán utilizar objetos que tengan forma cuadrada o cúbica: cuadros, cajas, mesas, etc.

Fuego. El dinamismo y la potencia de este elemento se ven representadas en los triángulos. Su fuerza ascendente ha sido utilizada para la construcción de iglesias y templos. La carencia del elemento fuego puede ser corregida mediante objetos que tengan forma triangular o piramidal, que serán más efectivos si están pintados de color rojo.

Agua. Este elemento se simboliza con las formas onduladas. Los edificios cuyos techos estén dentados o irregulares, pertenecen a esta categoría. En decoración, el agua puede reforzarse con cintas azul oscuro que se muevan con el viento, con líneas curvas, formas muy redondeadas pero que no lleguen a constituir un círculo.

Metal. Las formas redondas son las que representan el metal. Es muy rara la aplicación de la forma totalmente esférica a los edificios ya que su base sería inestable; pero sí hay muchas construcciones que, en su totalidad o en parte, tienen una semiesfera. Ejemplo de ello son los observatorios astronómicos. Las bolas facetadas y los objetos redondos potencian el elemento metal allí donde su presencia sea necesaria.

Madera. Los rectángulos en posición vertical expresan el crecimiento y la expansión de la madera. Esta forma es muy frecuente en los rascacielos. Una excesiva altura con una base pequeña en relación con ella podría volverlos muy inestables; por eso es preciso tener en cuenta su emplazamiento y, sobre todo, las protecciones que pudieran recibir del entorno.Todo objeto rectangular potencia la madera: muebles altos y estrechos, espejos rectangulares, cuadros, etc.

CAPÍTULO 4

El entorno

EN LA ÉPOCA EN QUE FUERON SENTADAS LAS BASES DEL FENG SHUI, EN LAS PLANICIES AGRÍCOLAS DE CHINA, LAS CASAS SE CONSTRUÍAN RODEADAS DE UN ENTORNO NATURAL. SIN EMBARGO HOY, EMPLAZADAS EN MEDIO DE LAS CIUDADES, LO QUE RODEA A UNA VIVIENDA SON INNUMERABLES BLOQUES DE CEMENTO. EL RÍO NO SE VE, NO HAY MONTAÑA QUE GUARDE LAS ESPALDAS DE LA CASA EN REPRESENTACIÓN DE LA TORTUGA, NI ELEVACIONES O BOSQUECILLOS QUE EVOQUEN AL TIGRE Y AL DRAGÓN A IZQUIERDA O DERECHA.

A pesar de estos cambios tan drásticos en el hábitat del hombre, el Feng Shui puede seguir aplicándose a espacios urbanos y suburbanos, ya que los principios de equilibrio, moderación y movimiento del Chi no varían.

Nuestras viviendas y lugares de trabajo están afectados por la forma de los edificios del entorno, por las carreteras y las calles, por la presencia o ausencia de árboles, por el vecindario y las formas de las parcelas; estudiando la manera en que éstos actúan sobre nuestra casa o local, es posible contrarrestar los efectos nocivos que puedan producir.

Las normas del Feng Shui se han adaptado a la actual configuración básica de las ciudades. Considera que los caminos, las carreteras, las calles y las avenidas llevan el Chi de forma similar que los ríos, de modo que a la hora de analizar el Feng Shui de un hogar o negocio, se deben estudiar y evaluar estas vías de comunicación con el mismo tratamiento que el Feng Shui destina a los afluentes de agua. Otro tanto ocurre con las construcciones y con la forma de las parcelas, a las que se consideran como montañas.

A la hora de elegir una vivienda en un edificio alto, el Feng Shui asegura que la mejor ubicación está en los pisos intermedios. Tienen la ventaja de evitar el acceso a los ladrones a la vez que están lejos de las luces de la calle.

En los entornos urbanos y semiurbanos, esta ciencia pone mucho énfasis en la introducción de elementos naturales en la vivienda, ya que con ello se logra armonizar el Chi. Cuanto más artificial y urbano sea el entorno, más necesario será incluir en la casa espacios naturales.

LOS RÍOS URBANOS: LAS CALLES Y LAS CARRETERAS

Para estudiar el efecto que las vías de comunicación ejercen sobre nuestro entorno en general y sobre nuestra vivienda o negocio en particular, es necesario verlas como ríos. En ellas fluyen coches, autobuses y camiones constantemente y, en su mayoría, en una sola dirección.

El Feng Shui dictamina que la ubicación ideal de una casa incluye vistas a un río, pero la proximidad del agua no siempre es beneficiosa: a nadie se le ocurriría construir su vivienda al lado de una vía

En las grandes ciudades es necesario aplicar los principios del Feng Shui para armonizar el Chi.

de agua caudalosa y turbulenta. Del mismo modo, es bueno que la casa esté junto a una calle, pero siempre y cuando ésta no sea excesivamente transitada sino que tenga un flujo suave de vehículos.

Las calles, carreteras y avenidas serpenteantes que adoptan la forma y movimiento del Chi son las que más equilibrio

▲ *Las líneas curvas reducen el efecto negativo de las líneas rectas.*

proporcionan al entorno. Las rectas, sobre todo si apuntan a la casa, son peligrosas porque lo aceleran.
Las rotondas, por su forma circular, aceleran la energía dándole la forma de remolino. Las viviendas cuyas puertas principales asoman a estos espacios, pueden sufrir la agresión de esa energía que sale disparada en cualquier dirección. Otro de los inconvenientes es que la fuerza centrípeta puede dirigir, en un momento dado, a cualquier coche contra su fachada.

Otro de los aspectos que merecen un análisis exhaustivo es el tamaño de la casa con relación a la calle o avenida que pasa por su puerta: si la casa es demasiado pequeña, los habitantes serán sobrepasados por el Chi de la calle y este exceso puede provocar el debilitamiento en diversos aspectos de su vida. Lo mismo ocurre con los ríos.
Las casas o negocios situados en un callejón sin salida o frente a una calle que le apunta en línea recta tienen muy mal Feng Shui ya que el Chi que llega a ellas es cortante, en forma de flecha o cuchillo.
Las puertas de entrada de la casa deben abrir en sentido del tráfico que viene para que, al hacerlo, entre el flujo energético de la calle.
Es importante que las puertas de los negocios y tiendas abran hacia adentro ya que, además de atraer el Chi, facilitarán la entrada de clientes.

LAS MONTAÑAS URBANAS: LOS EDIFICIOS

A través del mapa de los cinco animales, el Feng Shui recomienda que la casa se construya de modo que tenga una alta montaña detrás, una buena vista

▶ *La enredadera que trepa por la fachada protege la vivienda de las energías negativas.*

delante, una elevación a su izquierda y otra más pequeña a su derecha. Lo ideal es que los edificios que circundan la vivienda o negocio de ciudad, cumplan esta regla.

▲ *La profusión de plantas y árboles contrarrestan los efectos negativos de los escalones.*

La altura de las construcciones que dan a espaldas de la casa constituyen una protección; por el contrario si están delante, afectarán negativamente el campo energético de sus moradores. Si la casa tiene este inconveniente, la cura que recomienda el Feng Shui consiste en poner un mástil con una bandera que

sobrepase la altura del techo de la casa para lograr un mayor equilibrio entre ésta y el edificio que está enfrente.
También los árboles o las plantas que se pongan en los balcones que miran hacia ese lugar tendrán un efecto benéfico sobre el Chi de sus habitantes.
Si al lado de la casa hay un edificio excesivamente alto, recibirá un Chi opresivo debido al peso y a la sombra que éste le proyecte. Eso afectará, sobre todo, a la carrera, a la prosperidad y al desarrollo personal de los residentes. Algunos expertos opinan que la forma de contrarrestar este efecto perjudicial es situar un espejo sobre el tejado a fin de devolver la imagen del edificio a su origen. Otra solución es colocar una fuente de agua para que module el Chi de toda la vivienda.
Es preferible vivir en un edificio bajo, con pocas plantas, que en un rascacielos. Las construcciones, cuanto menos artificiales sean, mejor equilibradas estarán con respecto a la naturaleza.
Otro detalle que hay que observar es si los edificios cercanos, por sus ángulos o sus formas, producen flechas que se dirijan hacia la casa. Si fuera así, deberán emplearse las diferentes herramientas de Feng Shui a fin de neutralizarlas. De este modo se evitarán conflictos con los vecinos que habiten en ellas.
En las propiedades horizontales, los lugares que están junto a los ascensores son los menos adecuados ya que el hueco por el que suben y bajan se considera un pasillo recto que acelera el Chi. Además, si es en el último piso, tienen el agravante de recibir las vibraciones que producen sus motores.

LA INFLUENCIA BENÉFICA DE LOS ÁRBOLES

Los árboles se consideran protectores y guardianes de una propiedad; actúan como barreras contra las formas agresivas de las construcciones cercanas y de los vientos, a la vez que contrarrestan la contaminación y el ruido del tráfico circundante. Por esta razón se utilizan en las curas de Feng Shui como elementos armonizadores. Las aplicaciones que se les pueden dar son múltiples: equilibrar una parcela de tierra demasiado grande con respecto a la casa, proteger la ubicación de flechas envenenadas provenientes del entorno, curar formas no armónicas de la estructura, lograr intimidad con respecto a otras casas vecinas, etc.
En Feng Shui se recomienda tener un árbol próximo a la pared posterior de la casa o negocio,

Una vivienda rodeada de árboles, como los que se observan detrás de la ventana, propiciará la armonía en el hogar.

sobre todo si hay una montaña o edificio muy cercanos, a fin de compensar la fuerza peligrosa que emane de ellos.

Antes de plantar árboles es necesario calcular la distancia entre estos y la casa ya que una proximidad excesiva podría obstaculizar la entrada de luz y sol, tapar las entradas y salidas o resultar opresivos. Además, las ramas o raíces también podrían perjudicar su estructura.

Según el Feng Shui, como la suerte y el destino de los residentes de un lugar están ligados a los árboles de su entorno, es imprescindible que estén sanos. Un árbol muerto provoca la decadencia del Chi de habitantes de la casa y a menudo acarrea accidentes y dificultades de todo tipo. Los árboles mutilados o cortados atraen la mala fortuna y generan problemas en las extremidades y dientes de las personas que vivan cerca de ellos. La forma de curar el Chi que emana de un árbol en estas condiciones consiste en plantar hiedra para que se enrede en el trozo mutilado y le dé vida.

En cuanto a la localización de los árboles con respecto a la casa, el Feng Shui de Li Yun o del grupo de los Gorros Negros la interpreta del siguiente modo: si el árbol está a la derecha de la casa traerá fama; si está localizado detrás de la casa traerá prosperidad; en la parte delantera afectará favorablemente al desarrollo de los hijos y si se encuentra a la izquierda, los residentes tendrán éxito.

LOS VECINOS, EL PAISAJE HUMANO

Entre los múltiples aspectos que hay que analizar a la hora de comprar o alquilar una vivienda o local, se encuentra el vecindario. Las casas del entorno, el tipo de gente que las habite y los acontecimientos que se sucedan en el barrio, afectan al Chi del lugar y, con él, la salud física y mental de los residentes de la zona.

Se puede pensar que en general hay mal Chi en aquellos lugares donde abundan los accidentes, robos, divorcios, desgracias, enfermedades, y que hay buen Chi allí donde la gente prospera, es amable, abierta, sociable y alegre.

El Feng Shui también recomienda que, antes de alquilar o comprar una casa, se estudie con detenimiento si los anteriores habitantes han sufrido una bancarrota, un suicidio, trastornos mentales, depresiones, episodios agresivos o enfermedades graves. Si así fuera, habrá que analizar los problemas que pueda tener el Chi de ese lugar.

Los vecinos son un elemento muy importante ya que si son buenos y solidarios, pueden convertirse en sustitutos del Dragón y del Tigre del mapa de los animales celestiales, en cuyo caso actuarían como protectores y guardianes de nuestra casa. Los malos vecinos, por el contrario, pueden resultar verdaderas pesadillas, convertirse en una amenaza permanente y deteriorar la energía y, con ella, la salud y el bienestar de las personas que les rodean.

En las ciudades y en las urbanizaciones de las afueras, a menudo las casas se construyen tan cerca unas de otras que desde todas las puertas y ventanas se ven las de los vecinos. Debido al tipo de construcciones y materiales empleados, a veces se oyen tan claramente sus conversaciones tras la pared que es como si estuvieran en nuestro propio salón restando intimidad. En estos casos, conviene poner corcho o madera en las paredes que comuniquen con la casa vecina para que sirva de aislante, o bien plantas en la zona desde la cual provenga el ruido para que sea amortiguado.

▲ *La falta de árboles y su influencia positiva se evitan colocando macetas y jardineras, como se ha hecho en este porche.*

LAS FORMAS DE LAS PARCELAS

Para evaluar una parcela hay que tener en cuenta varios factores: su forma, la relación que ésta mantiene con la construcción, la altura y anchura del edificio así como la dirección en la que está orientada.

Si el terreno sobre el que se va a construir estuviera en pendiente, lo mejor es situar la casa en su parte alta y colocar en la zona más baja farolas o mástiles con banderas para elevar simbólicamente el lugar.

En cuanto a su forma, son preferibles las parcelas cuadradas o rectangulares.

El Feng Shui recomienda que la casa ocupe un tercio del terreno. El mayor equilibrio se consigue si la vivienda está emplazada en el tercio central. Si esto no fuera posible, deberán hacerse curas con árboles, farolas o piedras pesadas para lograr el equilibrio deseado.

Los terrenos redondeados son muy benéficos porque atraen las oportunidades y el éxito. Si la casa está en el medio, la ubicación afectará muy positivamente a los residentes; es como si vivieran dentro de una rueda desde la cual la energía irradiara en todas direcciones. Si además la construcción es cuadrada, sus moradores serán especialmente afortunados en cuanto a las finanzas, ya que la forma en su conjunto reproduce el diseño de las antiguas monedas chinas.

Si la parcela tiene forma semicircular, la influencia que ejerza sobre los residentes dependerá del lugar donde esté situada la casa. Si se ha construido en el centro o junto a la zona circular del terreno, traerá suerte; pero si la casa está en la parte delantera, alejada de la curvatura, se considera que los habitantes tendrán una carrera inestable y que padecerán frecuentes enfermedades.

En el caso de parcelas con forma de trapecio, se recomienda que su lado más estrecho coincida con la parte trasera de la casa pues si se sigue una norma opuesta, la forma del terreno ejercerá una influencia negativa relacionada con estrecheces en todos los sentidos. Esta desafortunada ubicación siempre se puede corregir poniendo plantas, árboles o trazando junto a la entrada un camino curvo.

Las parcelas romboidales se consideran, en general, buenas. Si la casa está emplazada en el medio o en la zona frontal, la forma del terreno ejercerá una influencia positiva y ayudará al desarrollo de los residentes; pero si la casa está situada en la parte de atrás, aunque las carreras serán estables, no se desarrollarán con la rapidez deseada.

▲ *Se ha colocado una jardinera encima del pequeño muro para armonizar el Chi.*

Habrá que tener especial cuidado a la hora de determinar el emplazamiento de una vivienda en cualquier espacio con forma de diamante. Será favorable si la casa está construida paralela a los lados y la puerta no da a una esquina. Si está orientada a uno de los ángulos, habrá que hacer una cura en la fachada posterior para evitar accidentes y dificultades legales. Otro tanto ocurre con las viviendas levantadas en parcelas triangulares: hay que tener la precaución de no colocarlas de manera que la fachada principal quede frente a uno de los ángulos.

La formas en «L» son poco favorables porque están desequilibradas. Cuando aparecen formas de este tipo en el entorno, ya sea en la parcela, el edificio, la vivienda o en una habitación, se considera que una esquina está perdida. En estos casos se intenta recrear la forma completa con alguna herramienta de Feng Shui. Se pueden recuperar estas zonas faltantes con árboles, banderolas, farolas, setos, etc.

Con las formas de «T» ocurre algo similar, aunque en estos casos las partes faltantes o ausentes son dos. Lo mejor es situar la vivienda en la barra superior de la «T» y cubrir de plantas los bordes de la parcela que entran a la banda central.

Algunos expertos consideran que la vid es la planta más indicada para curar los terrenos con formas de «T» o de «L». Equilibrar una parcela irregular es un reto. Cada entrante o saliente deberá ser compensado con las adecuadas herramientas que proporciona el Feng Shui y, para ello, habrá que conocer para qué sirve cada uno y utilizar la imaginación y el buen gusto para encontrar los elementos.

CAPÍTULO 5

Feng Shui en la estructura

LOS EXPERTOS EN FENG SHUI EXAMINAN LAS CASAS O LOCALES COMO SI SE TRATARAN DE ORGANISMOS VIVOS. PARA ELLOS LA PUERTA PRINCIPAL Y LAS VENTANAS SON LA BOCA Y LOS OJOS QUE PERMITEN LA CORRECTA ENTRADA DEL CHI; LOS PASILLOS Y LOS CORREDORES SON LAS VENAS Y LAS ARTERIAS QUE LO CONDUCEN DE UNA HABITACIÓN A OTRA; LAS PUERTAS INTERIORES, LAS ESCALERAS Y LOS CORREDORES SON LAS VÁLVULAS QUE LO BOMBEAN A TRAVÉS DE LA CASA; Y LOS MUEBLES, LAS PLANTAS Y DEMÁS OBJETOS SON ÓRGANOS QUE LO TRANSFORMAN Y CONDUCEN A TRAVÉS DE LAS HABITACIONES.

LA circulación del Chi debe ser suave, tener el ritmo adecuado, ni demasiado rápido como para herir, ni demasiado lento como para estancarse. Si fluye armónicamente nutrirá los espacios y a sus moradores; si se precipita o desequilibra, perjudicará a los residentes generando nerviosismo e intranquilidad y si fluye con demasiada lentitud o se estanca, robará la vitalidad y perjudicará la salud de los que se encuentren cerca.
Uno de los principios básicos del Feng Shui establece que la energía de movimiento suave y uniforme ayuda a la relajación, a la armonía y al bienestar general y que cuando

▲ *El ángulo recto formado por los listones de madera es contrarrestado con la maceta de flores de colores colocada en la misma esquina.*

fluye en líneas rectas produce tensión y desequilibrio.

Al respecto, debe tenerse en cuenta que la energía fluye en línea recta, se acelera y precipita a través de pasillos y espacios donde estén alineados varios huecos, puertas o ventanas.

Al llegar a lugares con esta estructura, el Chi va rápidamente de una parte a otra formando flechas que afectan la salud de los residentes y que constituyen una barrera invisible, potencialmente dañina para las relaciones familiares.

El movimiento rápido del Chi también

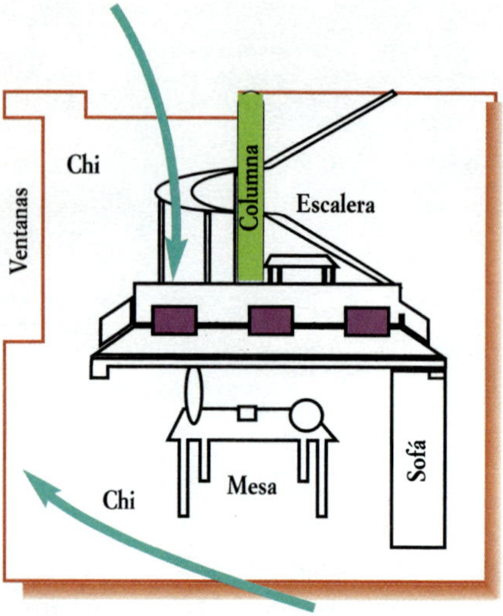

Aunque este salón tiene una columna (que suele amenazar al Chi) en medio, la utilización de plantas y elementos de color como los cojines favorece el campo energético.

aleja el dinero y las oportunidades; dispersa la vitalidad de los ambientes y perturba la equilibrada nutrición energética de toda la casa.

La apariencia amenazadora de algunos rasgos de la estructura como son ángulos, esquinas, vigas, columnas, inclinaciones, perfiles rectos, salientes, bordes pronunciados y aristas, entre otros, provocan flechas que siguen una trayectoria recta, que modifica y presiona la forma esférica y natural del campo energético humano. El Feng Shui denomina a estas formas flechas envenenadas o cuchillos afilados y recomienda aplicar curas o suavizar las estructuras que las generan.

Colocarse en el camino directo de estas fuerzas de energía es arriesgarse a sufrir sus efectos perjudiciales. Dormir en una cama expuesta a ellas, noche tras noche, año tras año, produce un desgaste enorme que puede desembocar en enfermedad.

La práctica de Feng Shui ofrece un amplio y variado conjunto de soluciones para corregir las estructuras, para evitar la formación de flechas o cuchillos, para paliar los efectos negativos producidos por las formas desequilibradas.

LA FORMA DE LA VIVIENDA Y DE LAS HABITACIONES

Los arquitectos de todos los tiempos se han afanado en encontrar la proporción más armónica para sus construcciones; no sólo por razones de seguridad y estética sino, también, porque la forma de toda construcción afecta a la salud y al bienestar de quienes viven en ella. Pero la proporción también ha sido un tema de estudio para pintores y escultores, para todo aquel que trabaje con la forma, con las dimensiones y las distancias.

Mientras buscaban medidas que les permitieran dividir la tierra de manera exacta y partiendo de las medidas del cuerpo humano, los egipcios descubrieron una proporción que se repetía entre las diferentes partes del cuerpo humano así como en la naturaleza; es la llamada «proporción áurea».

▼ *Las plantas junto a la escalera y la forma curva del descansillo sirven para contrarrestar la aceleración del Chi, pero se echan en falta elementos que contrarresten los efectos negativos de la columna.*

Este concepto matemático se puede definir como la relación entre dos segmentos tales que «la relación entre el segmento mayor y el menor sea igual que la relación entre ambos segmentos unidos y el mayor».

Si tomamos una calculadora y

▲ *La mesa redonda y las plantas sirven para movilizar el Chi que se estanca en el hueco y equilibrar el trozo faltante en la habitación.*

dividimos el lado más largo de uno de los rectángulos que nos rodean (del DNI, de una tarjeta de visita, de una de las puertas de la casa, de varios cuadros rectangulares) por su lado más pequeño, veremos que la mayoría de las veces nos dará un número igual al que obtenemos si dividimos la suma de ambos lados por el lado mayor. Ese número, 1,61, es el llamado «número áureo». Fachadas de edificios tan importantes como el Partenón de Atenas guardan esta proporción que, además, estuvo presente en las

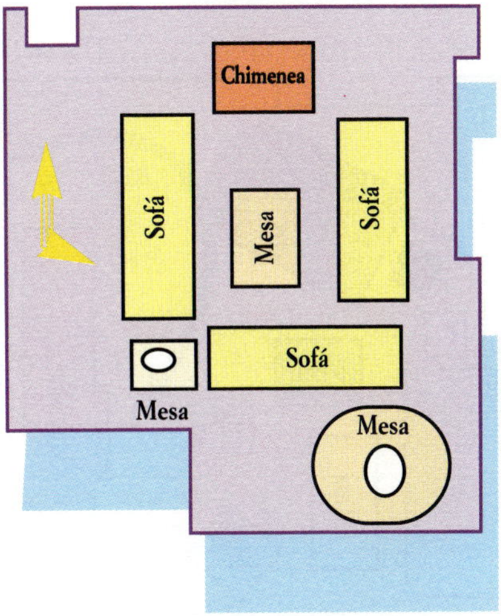

El Chi discurre por este salón gracias al paso despejado ante la puerta.

bellísimas obras de arte griego.
Pero eso no es todo: esta proporción también la encontramos en la naturaleza. Se considera que en un cuerpo bien proporcionado, por ejemplo, el número que resulta de dividir el largo del antebrazo por el largo de la mano es el mismo que resulta de dividir la suma de ambas longitudes por la longitud del antebrazo. Es la proporción perfecta. Estas relaciones fueron utilizadas también por Lenardo Da Vinci.
Aplicados estos conocimientos a lo edificios, puede decirse que los locales que tienen aproximadamente 3 m de altura, 4 m de anchura y 5 m de longitud, responden a la «proporción áurea» y que ésta impide que las fuerzas telúricas afecten al edificio que en él se construya. Lo mismo puede decirse de las casas de planta hexagonal o circular.
En general, los principios que rigen para las habitaciones, las oficinas, los apartamentos o las casas y edificios, son similares a los que se aplican a las parcelas de tierra. Las cuadradas, rectangulares o redondeadas son siempre preferibles, porque son formas sólidas, regulares y crean estabilidad.
Las viviendas con formas de «L» o «U», tan comunes en la arquitectura actual son, desde el punto de vista del Feng Shui, construcciones desequilibradas, son formas incompletas, que afectarán a los ocupantes en las áreas de la vida que no tengan su espacio en ellas.
Estas formas presentan partes de la casa descolgadas, como en el caso de la forma de «L», o divididas, como en el caso de las formas de «U». En ellas, quienes ocupen habitaciones en las partes separadas quedarán al margen de la zona general de circulación de Chi y aislados de la dinámica familiar.
Para determinar cuáles son estas áreas y afrontar una cura Feng Shui, deberá utilizarse el Bagua, tal como se explicará en posteriores capítulos.

LAS FORMAS EN «L»

El Feng Shui compara las casas y habitaciones con forma de «L» a una

cuchilla de carnicero. La parte larga de la «L» representa el mango del cuchillo y la parte más corta la hoja.
En estas formas, se recomienda evitar el emplazamiento de dormitorios, cocina, despacho o puerta de entrada en la zona de la hoja de la cuchilla para que estos sectores no resulten perjudicados.
El Feng Shui considera que los residentes que duerman o trabajen en una zona de hoja de cuchillo serán propensos a sufrir accidentes. Es preferible que estas habitaciones se ubiquen en la zona del mango del cuchillo, que es una parte más afortunada.
Se pueden armonizar las formas en «L» con curas que representen simbólicamente un diseño más equilibrado. El Feng Shui propone correcciones que pueden aplicarse desde fuera o desde dentro de la vivienda. Si la forma de «L» está en la planta de la casa y hay, además, un jardín, se completa simbólicamente la cuadratura o el rectángulo con un árbol, una roca, un mástil, una escultura, una lámpara o instalando una fuente.
También es posible hacerlo con plantas trepadoras, hiedras o parras.
En los pisos y apartamentos estas curas de Feng Shui no pueden ser aplicadas, por ello se recurre a formas más sutiles

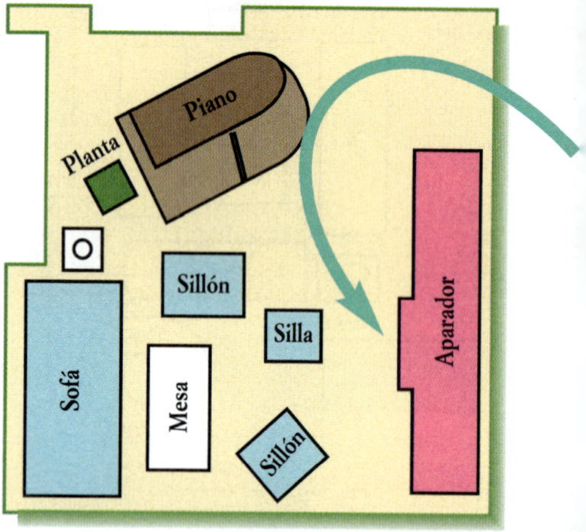

que pueden hacerse desde el interior de la vivienda. La cura más común para una forma en «L» consiste en colocar espejos que lleven la pared simbólicamente hacia atrás a fin de completar la forma. Las fuentes son también adecuadas para reforzar las zonas inexistentes, recrear el trozo que falta o equilibrar la forma, porque además de solucionar los problemas de inestabilidad aseguran el flujo del Chi benéfico.
Las viviendas rectangulares que, a causa de un garaje añadido, tengan forma de «L», se pueden corregir con un camino que complete el rectángulo o el cuadrado o bien con una hilera de arbustos.
En las habitaciones con forma de «L» nunca se debe colocar la cama, el horno, la cocina ni la mesa de trabajo en el ala más corta (la hoja del cuchillo).

▲ *La puerta con forma de arco y la planta aligeran el efecto negativo de esta habitación irregular.*

La colocación de espejos en estas zonas duplicarán su espacio haciéndolo más cuadrado, completando el trozo que falte. La mejor solución es dividir la habitación para crear dos espacios diferenciados. Puede hacerse mediante una cortina de cuentas, que además activará el Chi, con plantas, con un biombo e, incluso, separar ambas superficies mediante el color de la moqueta o de las paredes.

LAS FORMAS EN «U»

Las viviendas con formas de «U» presentan una estructura dividida, con dos partes descolgadas. En ellas, el espacio que comunica y une las dos alas (la curva de la «U», su parte inferior) tiene especial relevancia porque es una

FORMAS FAVORABLES PARA VIVIR

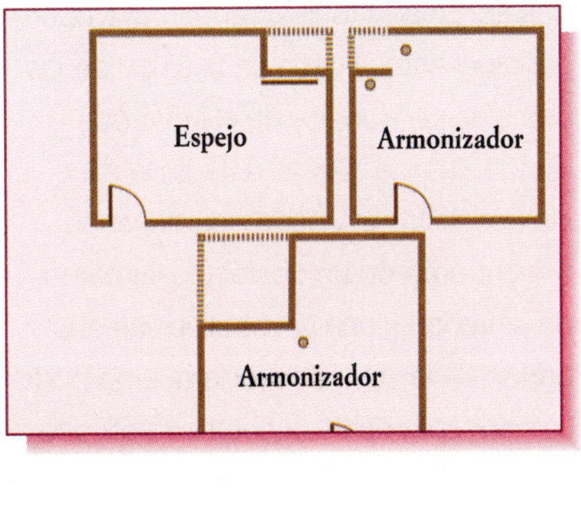

FORMAS DE CONSTRUCCIÓN DESFAVORABLES

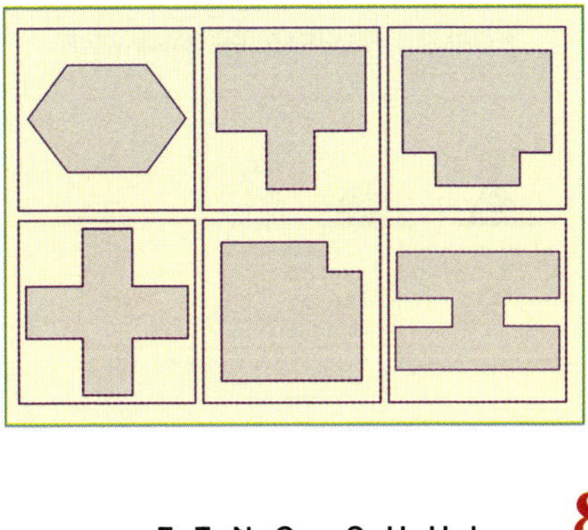

La energía entra por la puerta principal y se distribuye por toda la casa, gracias a la escalera que hay frente a ella.

forma incompleta, desequilibrada, que puede causar perjuicio en la vida de los moradores del lugar.

Una forma en «U» puede corregirse simbólicamente desde el interior o desde el exterior; en ambos casos se trata de completar el conjunto, de la misma manera que se ha sugerido en las curas para las viviendas en forma de «L».

El Feng Shui considera muy desafortunada toda vivienda cuya puerta principal esté situada en la unión de las dos alas porque ése es el lugar por donde entra el Chi. Si está en la zona inferior de la «U», nada más llegar se encontrará con un obstáculo (la pared de enfrente) y una bifurcación (las dos barras de la «U»), de modo que no podrá fluir correctamente ni nutrir con eficacia

FORMAS FAVORABLES PARA VIVIR

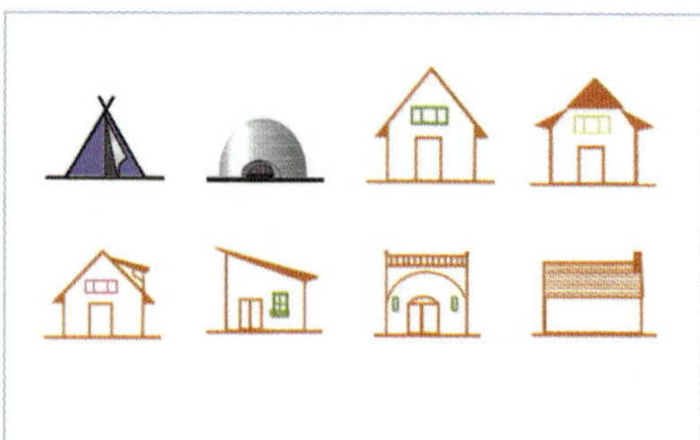

Formas de habitaciones desafortunadas

Formas de habitaciones favorables

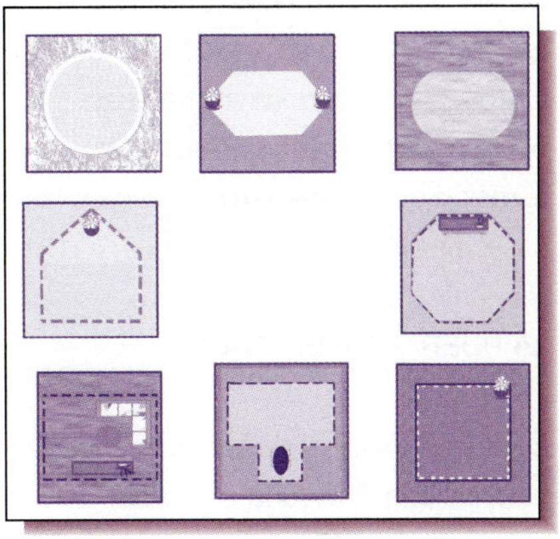

todas las habitaciones de la casa. En estos casos, lo mejor es cambiar la localización de la puerta y si eso no fuera posible, hacer curas mediante móviles sonoros colocados tras la puerta o mediante bolas facetadas. Del equilibrio conseguido en la entrada de estas casas dependerá, en gran parte, la suerte de sus habitantes.

La ubicación de la cocina en la zona de unión de ambas alas también es desafortunada porque incitará a los habitantes a comer fuera de casa. Un dormitorio emplazado en ese lugar, en cambio, puede afectar negativamente la vida afectiva de la pareja.

OTRAS FORMAS IRREGULARES

Las formas irregulares entrañan mucho riesgo ya que es necesario ser un experto en Feng Shui para armonizarlas correctamente. Algunas pueden resultar claramente auspiciosas, pero otras son marcadamente negativas. Las casas en forma de cruz son denominadas «dragón herido» o «dragón ofendido»; se consideran altamente perjudiciales y pueden afectar de muchas maneras a sus habitantes.

Las viviendas con forma de «T» son propicias siempre y cuando el palo de la «T» no sea más largo que la anchura de la barra. En caso contrario, la forma estará desequilibrada y podría crear perjuicios.

En las habitaciones triangulares o en aquellas cuyas paredes formen ángulos muy agudos, es preciso suavizar todos los rincones para evitar la formación de flechas envenenadas o de huecos que favorezcan el estancamiento del Chi. En todas estas formas asimétricas pueden aplicarse los principios de curación que se han explicado para las casas en «L» y en «U».

LA PUERTA DE ENTRADA

La puerta principal de la casa tiene, para el Feng Shui, una especial

La puerta de entrada a una casa es el lugar por donde entra y sale el Chi. Si la puerta no tiene una correcta posición para el Feng Shui, se puede solucionar con algunos armonizadores.

importancia: es el lugar por donde entra el Chi, la energía que nutrirá toda la vivienda o local Se considera que es el punto de partida desde el cual se debe analizar toda la construcción.

El Chi entra por la puerta, circula por todas las habitaciones y luego sale por las ventanas; de modo que colocar una abertura (sea puerta o ventana) delante de la puerta principal, es una mala idea ya que la energía saldrá por ella nada más entrar.

La puerta principal debe estar ubicada de forma que atraiga la energía positiva. Es conveniente que sea atractiva, pues es la primera impresión que los visitantes van a tener de la casa y de sus moradores.

Hay muchos tipos de puertas posibles para una entrada, pero las macizas son siempre preferibles a las translúcidas, y las de madera mejores que las de vidrio o acero.

El umbral debe ser llano y amplio para invitar a la buena suerte. Cualquier cosa que se coloque inmediatamente frente a la puerta de entrada, como por ejemplo una columna o una estatua, bloqueará la entrada del Chi empobreciendo la energía de toda la casa. Si el objeto, además, tiene aristas, el efecto será más contraproducente.

Conviene que lo que se ve a través de una ventana sea agradable a nuestros ojos.

Si la casa tiene delante un camino, este último deberá mostrar suficientes curvas para no acelerar el Chi poco antes de que éste entre por la puerta.
Si el camino ya está trazado puede ser mejorado poniendo a sus lados plantas o arbustos que rompan su rectitud.
La anchura ideal para el sendero que llega a la entrada es la que permita caminar por él a dos personas juntas.
Las estructuras del entorno, por lo general, generan flechas que pueden incidir en la puerta principal. Éstas pueden provocar desgracias, disputas, pérdidas de salud y dificultades económicas a los residentes, por ello necesitan ser curadas.
Si el camino por el cual el Chi llega a la puerta no es muy favorable, siempre se puede transformar positivamente aplicando armonizadores en el umbral y en el recibidor.
Los escalones cercanos a la entrada constituyen un potencial peligro para la seguridad. Con respecto a ellos, el Feng Shui considera que deben ser muy tenidos en cuenta para que no alejen los tres tesoros, que en la cultura occidental identificamos como salud, dinero y amor y que los chinos conocen como vida, prosperidad y amor.
En las casas situadas en un bloque de pisos o apartamentos, lo mejor es que las puertas estén colocadas de a pares, una frente a la otra. Si son todas iguales, es conveniente personalizarlas mediante un felpudo o colgando algún distintivo sobre el marco, en el rosetón o encima de la mirilla. Es una manera de sentirse «en casa» aún antes de haber entrado, de vivir como propio ese pequeño espacio exterior a la vivienda.
A toda puerta de entrada que esté situada al final de un largo pasillo la energía llegará acelerada; para evitarlo, se puede poner una planta en la mitad del corredor para que module la energía antes de que ésta entre en la casa.

LAS VENTANAS

Las ventanas de una casa o local son los ojos que permiten la entrada de luz y la visión del exterior; además, facilitan la circulación del aire. Siguiendo esta simbología, un cristal roto augura problemas en los ojos de los residentes, de ahí que se recomiende restituirlos sin tardanza. Si estos lugares por donde sale el Chi no están convenientemente colocados y equilibrados, alterarán el flujo de la energía que circula en toda la vivienda.

A la hora de estudiar las ventanas de una casa, el Feng Shui analiza el tamaño, la posición y las imágenes que atraen. En este sentido, es necesario comprobar que lo que se ve a través de ellas es grato. Si no lo fuera, es recomendable intervenir en el paisaje y mejorar la vista.

Lamentablemente, no siempre es posible cambiar lo que está fuera de los límites de la propia casa pero siempre pueden utilizarse cortinas para ocultar un exterior poco agradable. En estos casos, más que nunca, hay que poner especial atención para que la imagen desafortunada que llega por la ventana no sea reflejada por ningún espejo.

Las ventanas deben abrirse hacia fuera para facilitar el movimiento del Chi. Se dice que las que abren hacia dentro promueven la timidez de los residentes. Lo ideal es que también puedan abrirse completamente, por ello se desaconsejan las que se deslizan hacia arriba o hacia

El predominio de la forma curva y la presencia de plantas junto a la ventana permiten la armónica circulación del Chi.

Las ventanas o puertas hechas con muchos cristales no son buenas para el Feng Shui porque ofrecen vistas fragmentadas.

abajo, tapando siempre la mitad o un tercio del hueco. Si no se abren totalmente, no permiten que entren las oportunidades en la casa y en la vida de sus moradores.

Asimismo, es preferible que sean de una sola hoja, ya que ofrecen una vista clara y entera; las que están formadas por muchos cristales ofrecen vistas fragmentadas que pueden llegar a incomodar o a ejercer una influencia negativa.

Su tamaño debe estar en proporción a la casa y a la estancia. Se considera que las estrechas tienden a crear estrecheces en las perspectivas y oportunidades de la familia.

La solución para las pequeñas es colocar un espejo frente a ellas para aumentar la luz y ofrecer una mayor iluminación natural al espacio. En cuanto a su altura, se recomienda que sea superior a la de los residentes ya que si son más bajas podrían perjudicarles e, incluso, deprimirles.

Los ventanales grandes, con vistas muy atractivas, hacen que el Chi se precipite hacia ellas, igual que la mirada. Para retenerlo y lograr que circule

▲ *En un pasillo largo, conviene que las puertas de las habitaciones estén enfrentadas, para facilitar la circulación del Chi.*

adecuadamente, se recomienda colgar de ellos una bola facetada o un cristal. Otro modo de retener y mantener el Chi en el interior de la casa consiste en poner macetas u otros objetos en el alféizar de las ventanas.

Se desaconseja la ubicación de puertas enfrente de las ventanas, ya que éstas absorben rápidamente la energía que entra en la habitación. Para evitar este movimiento precipitado del Chi, lo mejor es poner algo atractivo entre ambas. Las cortinas también solucionan este problema, siempre y cuando estén echadas, razón por la cual es conveniente recurrir también a otros medios.

Los muebles, las plantas, los cuadros y los bailarines de viento o móviles próximos a las ventanas ayudan a ralentizar y canalizar parte de la energía que circula en la habitación.
El Feng Shui también aconseja que no haya una cantidad excesiva de ventanas, pues eso puede provocar discordia entre los hijos.
Otro aspecto importante es sobre qué punto cardinal están situadas; esto, lógicamente, tiene que ver con el clima del lugar y con la latitud. En un país con mucho sol todo el año, habrá que colocarlas de manera que la luz que entra por ellas no sea excesivamente intensa. En un país frío, por el contrario, será conveniente disponerlas de Este a Oeste para tener las habitaciones iluminadas, al menos, durante medio día.

LAS PUERTAS INTERIORES

En toda habitación el Chi entra por la puerta de modo que la primera regla que hay que observar es que bajo los dinteles no haya obstáculos. Se puede colocar una cortina de cuentas, que sólo da paso a la energía y, además, la modula adecuadamente; pero hay que tener en cuenta que una cortina pesada bloquearía el paso del Chi.
Cuanto más limpia, despejada y arreglada esté una puerta, de mejor calidad será la energía que la atraviese. Por lo tanto, es conveniente arreglar las que estén desportilladas, las que chirríen o tengan los tiradores rotos y pintar aquellas que tengan hendiduras o estén demasiado estropeadas. La zona que circunda una puerta interior debe estar bien iluminada, con los interruptores de la habitación próximos a ella. En cuanto al tamaño, debe ser proporcional a la casa y a las dimensiones de las habitaciones que separa; recordemos que el Feng Shui siempre tiene como objetivo lograr el máximo equilibrio posible.
Las puertas demasiado pequeñas no permiten la entrada suficiente de nutrientes, pero este problema se puede solucionar colocando espejos a su alrededor a fin de darles mayor amplitud. Las que son excesivamente grandes tampoco son buenas ya que dan paso a una cantidad de Chi innecesaria que alterará la estabilidad de los ocupantes de la estancia. Colocando un objeto grande y pesado cerca de ella. se evitará este problema.
Como siempre, también habrá que abstenerse de colocar muebles que tengan ángulos o líneas rectas capaces de generar flechas

▲ *La zona de la chimenea queda aislada del paso del Chi, que entra y sale por las dos ventanas. En las zonas con poco Chi, hay que poner un armonizador.*

venenosas hacia ellas.

No es favorable colocar dos puertas en una misma estancia ya que dos entradas implican una división. El Feng Shui, en estos casos, recomienda anular una de ellas y, si no fuera posible, conviene hacer una distinción entre la principal y la secundaria colocando en la segunda una cortina o un móvil sonoro.

Si estuvieran enfrentadas, la situación empeoraría ya que el Chi, nada más entrar por una, saldría por la otra sin llegar a nutrir el resto de la estancia. En este caso, lo mejor es colgar un bailarín de viento o una bola facetada entre ambas, para suaviza la trayectoria de la energía y

obligarla a recorrer toda la habitación.
Si la puerta comunica con un pasillo estrecho, puede causar problemas respiratorios, digestivos y psicológicos así como dificultades en los partos. Estas entradas son depresivas y crean estados melancólicos, pero ello se puede evitar colocando una luz cenital brillante y dando profundidad con un espejo.
Las entradas situadas frente a una pared provocan una interrupción del Chi. Para solucionar este desequilibrio, se pueden poner frente a ella flores, cuadros y la herramienta más adecuada para ampliar cualquier espacio: un espejo.
Las puertas que se sitúan en paredes inclinadas se consideran muy desafortunadas, sobre todo si pertenecen a un dormitorio o a un cuarto de baño. Se dice que pueden provocar enfermedades inesperadas o sucesos extraños. La cura adecuada consiste en suspender de ellas una bola facetada que corrija la trayectoria del Chi. Las que por defectos de la construcción quedan situadas en los rincones deben curarse de la misma manera que los ángulos: colocando plantas, bolas facetadas o bailarines de viento en su proximidad.
La alineación de una puerta con una ventana se considera muy perjudicial ya que obliga a que el Chi se desplace con mucha rapidez de una parte a otra formando cuchillos o flechas capaces de deteriorar la salud. Además constituyen barreras invisibles que alteran las relaciones familiares.
Tampoco es bueno que una puerta esté frente a un cuarto de baño o a una escalera; en estos casos deberán colgarse en sus dinteles elementos que proporcionen una cura.
En los pasillos suele haber puertas enfrentadas y, en este caso, es preferible

Esta construcción es perfecta: el Chi entra por la puerta y fluye hacia todas las partes de la casa.

que estén perfectamente alineadas porque la más mínima desviación producirá flechas venenosas.

Por la misma razón también es deseable que si están sobre una misma pared tengan el mismo tamaño. Si no fuera posible, siempre se puede recurrir a los espejos a fin de ampliar las más pequeñas.

LOS TECHOS

A la hora de analizar la armonía de un techo, el Feng Shui tiene en cuenta fundamentalmente la distancia a la que se encuentra del suelo, su forma y la presencia de vigas. La altura debe ser proporcionada, al igual que su forma, que debe responder, además, a las exigencias del clima del lugar.

TECHOS ALTOS

La mayoría de las personas se sienten bien en las estancias que tienen una altura de entre 2 y 3 metros. Si el techo es mucho más alto, genera incomodidad, sensación de insignificancia y desorientación. Son techos poco acogedores, más apropiados para galerías de arte, iglesias o almacenes que para viviendas.

A partir de los 3 m de altura, cuanto más se eleve el techo mayor tendrá su efecto negativo sobre los moradores de la casa. Para paliar esta desproporción y promover la armonía, el Feng Shui recomienda trazar una línea horizontal entre el cielo y la tierra; es decir, un ribete horizontal a una altura que puede ir desde el 1,80 m hasta los 3 m partiendo desde el suelo. También puede seguir una línea natural marcada por puertas y ventanas.

Otra forma de lograr esta división es colocar las estanterías o los cuadros que estén próximos entre sí alineando sus bordes superiores para que queden a la misma altura. Eso creará una sensación visual que bajará los techos.

También se puede pintar la parte superior de la pared y todo el techo con un tono visiblemente más oscuro que el de las paredes.

En las cocinas y cuartos de baño esto se logra con el alicatado; poniendo los baldosines sólo hasta la altura deseada y pintando la pared y el techo con un color diferente. En otras estancias se puede hacer lo mismo reemplazando los baldosines por láminas de corcho.

Con estas soluciones se equilibra el espacio excesivo que queda sobre la cabeza y eso crea un ambiente más cálido, tranquilo y acogedor.

TECHOS BAJOS

Los techos demasiado bajos también plantean problemas, pues al estar muy próximos al suelo

▲ *Cuando una habitación tiene una altura superior a 3 m, se produce un efecto de incomodidad en las personas. Se puede evitar colocando una moldura, con la que armonizaremos el espacio.*

comprimen el Chi de los residentes causándoles diversas molestias: sensación de agobio, apatía, dolor de cabeza e, incluso, depresión. Estos techos no permiten el suficiente espacio aéreo como para expandirse, por ello resultan opresivos. El Feng Shui propone diversas curas para darles una mayor altura; en algunas se utiliza el color y en otras, diversas herramientas.

Un techo puede parecer más alto si se pinta de un blanco muy luminoso o con tonos pastel brillantes; este efecto se refuerza mediante la colocación de luces indirectas enfocadas hacia arriba. Cualquier espejo que se coloque en el techo lo alejará visualmente y con ello se conseguirá darle más espacio y luminosidad.

En las estancias de techo bajo, los muebles deberán tener un tamaño acorde con la escala de la habitación, ya que si son excesivamente altos, comprimirán aun más el espacio.
Es necesario evitar la presencia de colores oscuros, tanto en las paredes como en el mobiliario y en los complementos. La decoración con líneas verticales en cojines, cuadros o telas, aminorarán la sensación de opresión. Para expandir el Chi comprimido pueden emplearse plantas, luces, colores claros y espejos.

LOS TECHOS INCLINADOS

Hay dos tipos de techos que permiten la circulación armónica y equilibrada del Chi: los lisos, regulares y planos, y los abovedados; y eso siempre y cuando no sean excesivamente altos o bajos.
Los techos inclinados presentan una forma inestable que perjudica el

La inclinación del techo y la presencia de vigas, sobre todo encima de la cama, hacen de esta habitación un lugar insalubre ya que el Chi está oprimido. Esto se podría corregir colgando de las vigas móviles o cintas.

movimiento armónico de la energía a la vez que alteran el equilibrio del Chi de los moradores. Son techos que junto a dos de las paredes son excesivamente bajos y, en las otras, demasiado altos y el Feng Shui asegura que cualquier forma en la estructura que no tenga equilibrio y solidez resulta incómoda e inquietante.

Lo más conveniente en estos casos es hacer un falso techo que proporcione a la habitación una estructura equilibrada, aunque eso no siempre es posible, ya que a veces la parte más baja no tiene suficiente altura como para conseguir un techo cómodo.

La cura que propone el Feng Shui para los techos inclinados es la misma que para los techos altos: trazar una línea horizontal entre el cielo y la tierra, alrededor de toda la habitación, a fin de uniformar el espacio. Puede hacerse un palmo más abajo que la altura inferior.

Otra de las curas posibles consiste en poner un espejo en la parte más baja del techo a fin de elevar el Chi oprimido e igualar su altura.

La colocación de los muebles más grandes y altos en el lado más elevado, estabilizará el lugar con tanta eficacia como la colocación de luces hacia arriba en la zona más baja.

En los techos inclinados suelen formarse ángulos agudos que aceleran el Chi. Para contrarrestarlos, se pueden utilizar bolas facetadas, plantas colgantes y banderines de viento.

LAS VIGAS

Para que el Chi pueda desplazarse de forma equilibrada en las proximidades de los techos, éstos deben ser lisos. Las vigas al descubierto son un elemento estructural muy de moda en la arquitectura occidental, sobre todo a la hora de crear ambientes rústicos, pero resultan muy opresivas y desequilibran el movimiento del Chi de la casa y el de los residentes. Como las vigas soportan los grandes

pesos de la estructura del edificio, pueden canalizar fuertes flujos de Chi que bombean hacia abajo, de ahí que resulten agobiantes para quienes pasan mucho tiempo debajo de ellas. Se dice que traen quebraderos de cabeza, mala suerte y que perjudican la marcha de los negocios.
Pasar muchas horas al día debajo de una viga expuesta puede acarrear problemas de salud física y emocional. El Feng Shui las considera fuentes de energía negativa. Quienes tienen estas vigas en sus dormitorios, sobre todo si están sobre la cama, pasan ocho horas diarias de su vida bajo una influencia nociva que incide, la mayor parte del tiempo, sobre una misma parte de su cuerpo. Eso, a la larga, podría propiciarles cualquier tipo de enfermedad. El que se presente antes, después o nunca, es una cuestión de tiempo y de resistencia personal; cuanto más debilitado esté el Chi de una persona, más rápido manifestará el desequilibrio que producen las vigas.
Cuanto más grandes, oscuras y bajas sean las vigas, más dañinas y opresivas resultan, de modo que se necesitarán más herramientas para curarlas.
Otro aspecto a tener en cuenta es su dirección: el efecto que producen resulta más perjudicial cuando están en sentido transversal.
Si se tiene una habitación con las vigas expuestas, lo mejor es hacer un falso techo a fin de esconderlas. Si eso no es posible, se las puede pintar de blanco para aligerar su efecto visual. La colocación de focos a lo largo de la viga puede conseguir el mismo efecto.
En los dormitorios se puede solucionar el problema utilizando una cama con dosel.
Estas estructuras pesadas se pueden corregir con bailarines de viento y armonizadores de naturaleza ligera, tales como plumas, pájaros, enredaderas, guirnaldas de flores, banderas de oración, estandartes de seda, móviles, imágenes, figuras de ángeles o cualquier otro elemento que represente la cualidad de subir en el espacio, como cometas o globos. Para paliar sus efectos negativos, también es posible curvar sus extremos; de esta forma se consigue una forma de arco que es sumamente beneficiosa.
Las telas y los objetos que se cuelguen de ellas habrán de ser lo más ligeros posible, tener los contornos redondeados y estar muy bien sujetos para que no resulten amenazadores. Algunos autores recomiendan una curiosa cura simbólica para las cualidades opresivas de una viga: consiste en colocar en el centro de la estructura dos flautas inclinadas, atadas con lazos rojos. Otros tratan de romper la línea de fuerza de la viga colocando dos piezas de bambú en los ángulos; de este modo disuelven el Chi que corre a toda velocidad por la recta y sugieren el

esbozo de un octógono o un círculo que hace fluir el Chi hacia abajo y alrededor de la estancia.

LAS COLUMNAS

Las columnas son estructuras arquitectónicas muy pesadas que obstruyen el paso del Chi y simbolizan los posibles obstáculos que puedan presentarse en la vida de los residentes. Se pueden comparar con vigas en vertical, y lo que se ha explicado acerca de ellas es también aplicable a éstas.

Las que tienen forma curva son las más inofensivas, ya que permiten el suave movimiento del Chi a su alrededor; las cuadradas hacen ángulos que forman esquinas que, como se ha explicado, emiten flechas y rincones que provocan estancamientos de Chi.

Situadas frente a la puerta de entrada de una casa son verdaderas barreras que limitan el acceso de energía a la vivienda y, con ella, de las oportunidades, la salud y el dinero.

Se considera especialmente perjudicial que los pilares que soportan la estructura de la casa estén al aire. En una sala de estar, por ejemplo, pueden provocar

▶ *Las columnas curvas son inofensivas porque dada su forma permiten el movimiento del Chi a su alrededor.*

▲ *Arriba vemos cómo circula la energía por la habitación y luego sube por la escalera, para distribuirse por toda la planta superior.*

irritación, tensiones y agresividad en las personas que se encuentran en ella.
Las columnas situadas en medio de una estancia son perturbadoras porque horadan y obstruyen el corazón del espacio, a la vez que constituyen un obstáculo permanente que hay que sortear. Simbolizan los problemas que los residentes encontrarán en diversas facetas de su vida.
El Feng Shui propone diversas curas para las columnas: camuflarlas dentro de una estructura curva de madera, poner enredaderas o plantas con hojas redondas en su base, adornarlas con plantas colgantes, etc. Si estuvieran encastradas en la pared, pueden ponerse en ellas móviles de varillas o

bolas facetadas.
La mejor cura para las columnas situadas en las esquinas son las de luz: una mesita pequeña con velas en su base, quemadores de incienso en su proximidad, un objeto decorativo al lado con una lámpara dirigida hacia ese lugar, etc.

LAS ESQUINAS Y LOS RINCONES

Ya sea en el hogar o en los lugares de trabajo, las personas pueden sentirse afectadas por esquinas y rincones. Éstas son estructuras desafortunadas, agresivas, porque golpean y desplazan el Chi hacia la dirección a la que apuntan.
Las que se encuentran frente a la puerta de entrada pueden hacer que los invitados o clientes se sientan mal recibidos al traspasarla; las que apuntan hacia puertas interiores pueden actuar como flechas indicadoras que incitan a entrar en esa estancia. Los rincones de las habitaciones, tienden a tirar con fuerza del Chi que circula en ellas atrayéndolo y provocando su estancamiento. En las estancias triangulares o con paredes oblicuas hay que observar especialmente el tipo de ángulo que forman las esquinas. Cuanto más cerrado sea, más dañinas serán las flechas que forme y más favorecerá el estancamiento de la energía.
La cura más efectiva que propone el Feng Shui para estos lugares consiste en redondearlos o rellenarlos con materiales de construcción. También

▲ *La arcada, la forma redonda de la maceta y la planta suavizan la energía que sale o entra en la habitación.*

pueden suavizarse con molduras decorativas y colocando en ellos armonizadores: bailarines de viento, bolas facetadas, cristales o cualquier objeto atractivo. Un mueble en diagonal, justo en el rincón, también puede atenuar sus efectos negativos.
Conviene recordar que el estancamiento del Chi se acentúa si el rincón o la esquina están sucios, deteriorados o vacíos. La higiene, en estos lugares, es esencial.

LAS ESCALERAS

Otro elemento arquitectónico muy importante para analizar el Feng Shui de una casa son las escaleras, ya que constituyen potenciales fuentes de accidentes y mala suerte, por ello hay que procurar que sean lo más equilibradas y armónicas posibles en su forma y en su emplazamiento. Estas estructuras son las que conducen el Chi de un nivel a otro, de ahí que haya que planear atentamente su emplazamiento.
En aras de la seguridad, el Feng Shui recomienda que siempre estén iluminadas, incluso con luces de seguridad cuando no gocen de luz natural. Además, deben permanecer libres de obstáculos y tener una textura que impida los resbalones.
Para que el Chi circule mejor por ellas, las escaleras deben ser anchas, bien iluminadas y con techo alto. Si son estrechas y oscuras se bloqueará mermando la energía de los pisos superiores. La cura, en estos casos, consiste en colocar en el techo un espejo que amplíe el espacio.
Las escaleras con descansillos son preferibles a las largas y empinadas, más difíciles de armonizar. En el caso de estas últimas, se puede colocar en su parte superior cualquier armonizador: un espejo, un móvil, un cuadro, etc., y otro en su base para que frene la caída del Chi que llega desde arriba.
Si se quiere decorar una escalera, lo recomendable es poner objetos en una o en ambas paredes. Estos no deberán seguir la línea ascendente descendente de los peldaños sino que se colocarán en línea recta. Mediante este método se compensará la fuerza de la pendiente.
No son recomendables las escaleras que tengan peldaños al aire; es decir aquellas cuyos escalones sólo estén formados por el plano horizontal. Según el Feng Shui, por el hueco que queda entre un peldaño y otro, se escapa el Chi. Además, los bordes de cada

▲ *Hay que tener en cuenta que si la ventana se abre, el Chi que sube por la escalera saldrá por ella sin nutrir la planta superior.*

escalón proyectan la energía de forma peligrosa.

Las escaleras con una curva suave son las mejores porque modulan el Chi; sin embargo, las de caracol son las más desaconsejadas. El Feng Shui las compara con sacacorchos, como agujeros en el cuerpo de la casa. Para compensarlas, es necesario pintar su eje central de un color diferente que el resto. Eso también se puede lograr con enredaderas que trepen por su barandilla o con una luz en su parte superior que permanezca siempre encendida.

DÓNDE PONER LAS ESCALERAS

Una norma del Feng Shui dice que todas las escaleras deben situarse en la zona izquierda de la casa (es decir, a mano izquierda mirando la puerta principal desde dentro).

Se consideran muy conflictivas aquellas que desembocan de frente a la puerta de entrada ya que el Chi que accede a la vivienda se topa con ellas y es expulsado nuevamente. Esto hace que el resto de la casa quede sin nutrición energética provocando que el dinero se vaya rápidamente. Un biombo, una cortina, una escultura, una planta o las diversas herramientas del Feng Shui, colocados entre la puerta y el inicio de la escalera, pueden solucionar este problema. Pero si esto no fuera posible por la falta de espacio, la cura puede consistir en poner un espejo en la parte interior de la puerta de entrada.

Las escaleras colocadas de frente a los dormitorios también son perjudiciales, ya que atraen y precipitan el Chi hacia abajo o, en caso de que sean ascendentes, lo estancan a su entrada. Las habitaciones que se encuentran a los lados, adyacentes a la escalera, también sufren los efectos de este desequilibrio.

En todos estos casos, deben utilizarse elementos de cura (bolas facetadas, plantas, espejos, móviles, etc.) a fin de modular la energía.

En el Feng Shui la casa es análoga a un cuerpo; por ello, si las escaleras están localizadas en la zona central, se convierten en el corazón de la casa perjudicando a sus habitantes.

LOS PASILLOS

Los pasillos y corredores son las venas y las arterias de toda construcción. El Chi se desplaza por ellos para nutrir todas las habitaciones. El Feng Shui los relaciona con el sistema intestinal de los residentes, por ello considera esencial que estén libres de objetos que dificulten el paso y limpios de elementos transitorios, que

puedan provocar estancamiento de la energía.
Los pasillos muy largos invitan a la aceleración, tanto del Chi como de las personas que circulan por ellos. Este efecto se agudiza si, además, son oscuros o estrechos.
Para que esto no ocurra se los puede dividir en tramos más pequeños mediante cambios en el color de sus paredes, colocando en ellas puntos de interés que atrapen la mirada, empleando alfombras y cortinas, etc. En estos casos, y haciendo uso de los conocimientos de Feng Shui relacionados con texturas, formas y colores, se pueden inventar múltiples maneras de armonizar esas estructuras.
Un pasillo muy estrecho puede provocar sensaciones angustiosas o depresivas que se agravan si es oscuro. Si además es muy largo, puede llegar incluso a provocar sensaciones claustrofóbicas y ejercer efectos muy negativos sobre el Chi que se expande por la casa. Este tipo de pasillos no admiten muebles u objetos voluminosos, pero sí figuras planas como cuadros, espejos e incluso la misma pintura de las paredes que, para ensancharlos, deberá ser clara. Unas luces potentes en el techo les conferirán una mayor amplitud.

CORRECCIÓN DEL CHI EN UN PASILLO

1. Cuando dos puertas están enfrentadas pero ligeramente desplazadas, o cuando una sea mayor que la otra, el Chi no circula correctamente. Para evitarlo hay que colocar espejos que nos den la sensación de que las puertas tienen el mismo tamaño.
2. Cuando un pasillo es muy largo, conviene colocar algún móvil o una cinta para evitar que el Chi se precipite y no aporte beneficio alguno tras su paso.
3. Cuando un pasillo tiene varias puertas, se debe colocar un armonizador (ya citados a lo largo del libro) para potenciar el Chi.

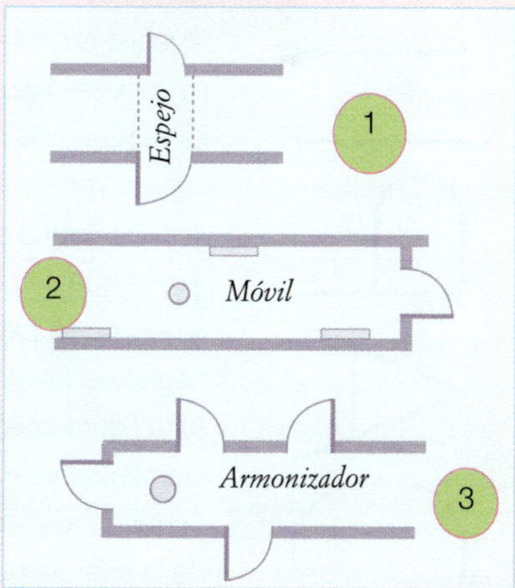

CAPÍTULO 6

El Bagua

Antes de pasar a detallar los objetos, formas y texturas más adecuados para cada una de las habitaciones, es necesario comprender la distribución de los sectores de cada vivienda según los principios geománticos chinos. El Feng Shui utiliza un mapa energético llamado Bagua o Pakua, en el que se muestran las nueve áreas en las que discurre nuestra vida. Es una figura octogonal, normalmente tallada en madera, cuyo contorno está adornado con los ocho trigramas y su centro con el símbolo del Yin-Yang. Cada escuela hace un uso diferente de esta herramienta, pero el principio sobre el que se basa es el mismo para todas.

El Bagua se considera también un amuleto protector que se coloca en las puertas y ventanas, mirando hacia fuera, a fin de que aleje las vibraciones negativas del entorno.

Esta figura integra el principio Yin-Yang, de los cinco elementos y de los ocho trigramas con sus colores y formas correspondientes. Representa un modelo de la distribución de la energía que se puede aplicar a cualquier actividad humana.

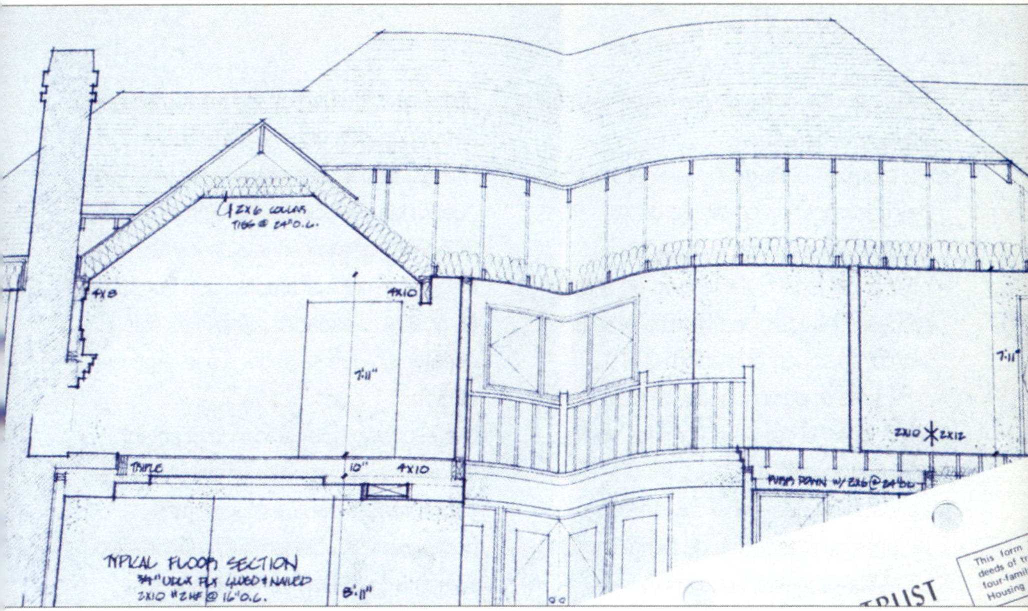

Los arquitectos que siguen las teorías del Feng Shui utilizan el Bagua.

LA DIVISIÓN INTELIGENTE DEL ESPACIO

Una ciudad puede ser considerada como un espacio global, como una entidad. Del mismo modo, también se puede considerar así un edificio de cuarenta plantas, con cada uno de los pisos que contenga y cada una de las habitaciones, algunas de las cuales podrían, inclusive, estar divididas en múltiples espacios, como los que se establecen en las oficinas mediante el uso de mamparas.

Lo que se quiere decir con esto es que espacio es uno y abarca el universo, pero el hombre lo divide, en función de sus necesidades, en espacios más pequeños. De este modo, a nadie se le ocurriría entrar sin permiso en la casa de un vecino ya que esos metros cuadrados, aun cuando pertenezcan al mismo edificio o a la misma planta, constituyen un espacio privado.

El Bagua se aplica a los espacios creados por el hombre: a una ciudad, a la casa u oficina, a cada una de las habitaciones o despachos y, dentro de ellos, también a una mesa de trabajo.

Como la figura del Bagua es octogonal, puede ser circunscrita en un cuadrado, tal como se muestra en la figura. Si ese cuadrado se divide en nueve partes, se obtienen otras tantas zonas relacionadas con los diferentes aspectos de la vida humana.

Para utilizar el Bagua lo primero que hay que hacer es un dibujo de la superficie general de la casa, de la oficina, del local o del terreno en el que se desee edificar. Una vez dibujada la planta, se superpone sobre él el octógono o, para que resulte más claro al principio, el cuadrado con las nueve subdivisiones.

La forma en que se coloca difiere según las diferentes escuelas de Feng Shui. Una de estas escuelas, la de los Gorros Negros, utiliza como referencia la puerta principal del lugar: si se trata de una habitación será la puerta de entrada, y si se quiere considerar una mesa de trabajo será la posición frente a la persona. En esta escuela, las orientaciones magnéticas de la tierra no se tienen en consideración Todo experto en Feng Shui memoriza el plano del Bagua y lo superpone a cada uno de los espacios que quiere analizar para que le sirva de guía a la hora de interpretar la vida de una persona. A partir de esta operación, averigua cuáles son sus problemas, qué desequilibrios presenta en su historia y, sobre todo, qué cura puede aplicar a cada uno de los trastornos que el entorno pueda haberle originado.

Utilizar la puerta de entrada sin tener en cuenta las direcciones cardinales reales, tal como hace la escuela de los Gorros Negros, simplifica la aplicación del Bagua en cualquier espacio; por ello es ésta la orientación que se seguirá a lo largo de este libro.

Las escuelas que buscan la orientación magnética de la puerta principal llevan a cabo procedimientos mucho más complejos; establecen sectores positivos y negativos que se ven afectados anualmente y tienen en cuenta datos astrológicos relacionados con la fecha de construcción del edificio y del nacimiento de sus moradores.

Los seguidores del maestro Li Yun parten de localizar el centro de la casa trazando diagonales desde rincones opuestos. Desde el punto en el que las líneas se cruzan, utilizan una brújula para hacer coincidir el Bagua con los puntos cardinales reales.

Independientemente de las distintas propuestas, el Bagua es una herramienta sumamente útil para armonizar los ambientes y mejorar todos los aspectos de nuestra vida.

En China, antiguamente, las casas se construían siempre con la puerta mirando hacia el sur; de ahí que el Bagua haga coincidir la entrada de la vivienda con este

En esta habitación, para evitar que el flujo del Chi salga por la chimenea nada más entrar, se ha colocado un espejo que hace que la energía rebote en él y se distribuya por todo el salón.

punto cardinal. Es necesario recordar que en esa cultura, al contrario que en occidente, el sur ocupa el punto superior del mapa y el norte el inferior.

A veces, a simple vista, se puede observar que la estructura del espacio al que se quiere aplicar el Bagua tiene un trozo que sobra, una parte que queda como añadida o, por el contrario, que hay un trozo que pareciera faltar. Los añadidos producen la sensación de que la casa tiene una protuberancia que rompe el equilibrio y las partes faltantes, se asemejan a «mordidas», y es así como se las denomina.

Estos dos tipos de asimetrías deterioran la energía que fluye en el lugar y, por lo tanto, deterioran la vida de sus ocupantes. El Feng Shui ofrece para su solución múltiples herramientas: espejos, móviles, bolas facetadas, bailarines de viento, etc. La elección de una u otra estará determinada según el lugar del que se trate.

Si la construcción es en forma de «L», hay que considerar cada una de las alas como un espacio diferente aunque también se busque la manera de corregir el enorme espacio faltante en lo que sería un cuadrado ideal. Si la casa tiene dos plantas, es necesario aplicar el Bagua a cada una de ellas considerándolas espacios independientes.

LAS NUEVE ZONAS DEL BAGUA

A excepción de la zona central, cada una de las ocho subdivisiones del Bagua está asociada a un elemento y a un aspecto de la vida:

- Viento-Sun
  Zona de la fortuna y de la prosperidad.
  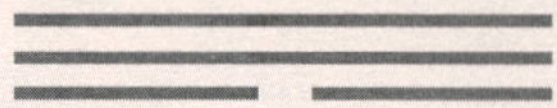
- Fuego-Li
  Zona de la fama y la reputación.
  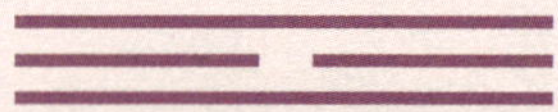
- Tierra-Kun
  Zona de las relaciones, de la pareja y del amor.
  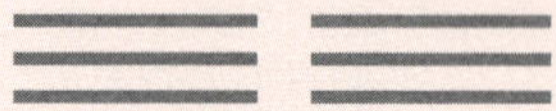
- Trueno-Chen
  Zona de la familia y de los antepasados.
  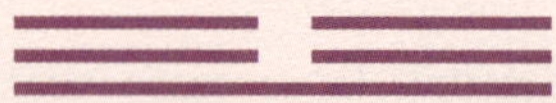
- Lago-Tui
  Zona de los niños y de la creatividad.
  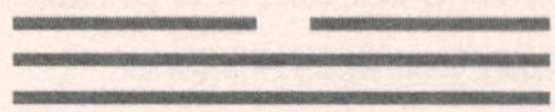
- Montaña-Ken
  Zona de la sabiduría y del aprendizaje.
  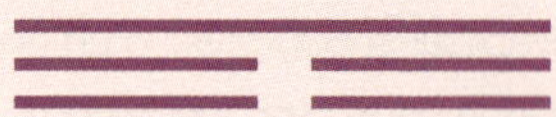
- Agua-Kan
  Zona de la profesión y de la carrera.
  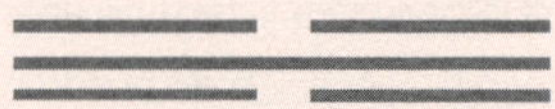
- Cielo-Chien
  Zona de los amigos benefactores y de los viajes.
  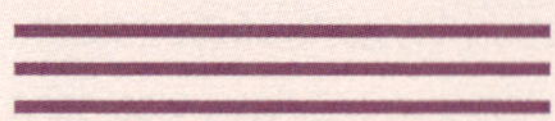
- **Centro** A este sector no se le adjudica trigrama alguno.

Si uno de estos sectores está ocupado por una habitación que no le es afín (por ejemplo, un baño en el sector Viento, relacionado con la fortuna) o está desequilibrado por otras causas, los moradores tendrán conflictos en ese aspecto de la vida (en este caso, en los asuntos económicos).
El estudio del mapa del lugar permite detectar fácilmente los trastornos energéticos de cada habitación y brinda, además, una orientación acerca de cuáles son las herramientas con las que se pueden corregir los problemas que se presenten.
Como se ha dicho, el Bagua puede aplicarse a una vivienda o negocio, a cualquier habitación, a una mesa de trabajo y, en suma, a cualquier espacio que se delimite.
Conviene estudiar primero el Bagua de la casa en general, sector por sector, y pasar luego a observar el de las diferentes estancias.

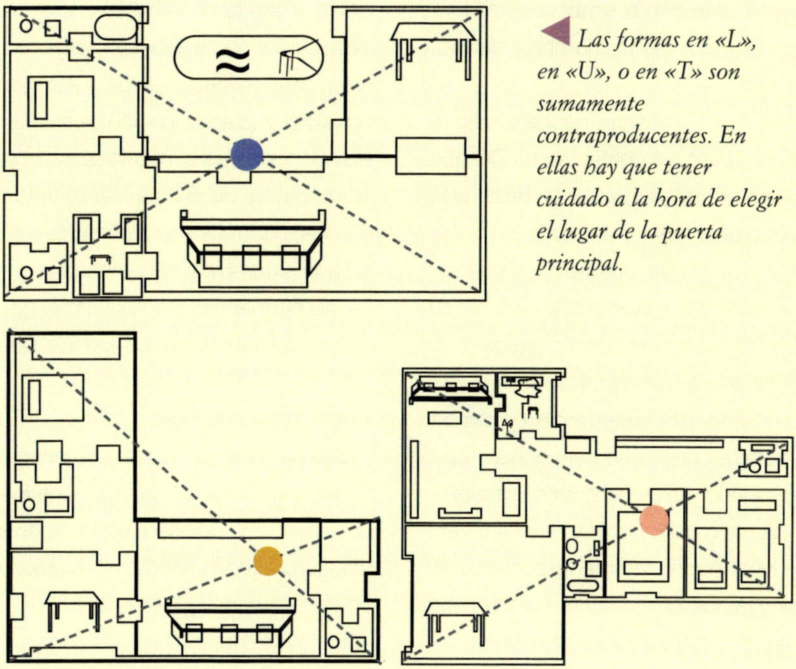

Las formas en «L», en «U», o en «T» son sumamente contraproducentes. En ellas hay que tener cuidado a la hora de elegir el lugar de la puerta principal.

El techo inclinado y las baldas al descubierto requieren un elemento de cura que suavice el Chi acelerado. En este caso se ha colocado frente a la ventana una planta de aspecto redondeado. Resulta muy beneficioso colocar una planta de laurel.

SECTOR CENTRO. LA BASE, EL SUELO, EL EQUILIBRIO, LA SALUD

Este sector no está asociado con ningún trigrama, sino con el símbolo del Yin Yang. Suele recibir los nombres de Tao y Tai Chi.

Esta zona es un centro neurálgico en el que confluyen las corrientes de Chi que emanan de todos los puntos de la casa. Aunque es el lugar más curativo, también es el más delicado y al que se debe prestar la máxima atención; de su equilibrio depende el buen flujo de energía en los demás sectores.

El concepto más importante con relación al Centro es que debe permanecer vacío y despejado. La colocación de muebles, esculturas o cualquier otro elemento en este lugar podría fácilmente sobrecargar alguno de los cinco elementos, la energía Yin o Yang, desestabilizando así una zona que debe permanecer absolutamente neutral. El elemento más adecuado que puede colocarse en él es una fuente con agua, ya que el sonido y las ondulaciones que ésta produce modulan el Chi.

Tradicionalmente, en algunas culturas como la china, la árabe y la andaluza, se dejaba un patio abierto en el centro de la construcción en el que se solía colocar una fuente, y otro tanto se hacía en los monasterios de las diferentes religiones.

Estos patios centrales resultan sumamente benéficos y atraen todo tipo de buenas vibraciones para los residentes del lugar.

Los sectores del Bagua relacionados con los trigramas son dinámicos y están sujetos a cambios; sin embargo el centro permanece siempre firme, de ahí que represente la estabilidad y la salud.

• Detalles a observar

Como se ha dicho, debe permanecer vacío; lo único que admite es una fuente con agua. La suciedad, el desorden y el deterioro pueden alterarlo gravemente, de ahí que sea imprescindible mantenerlo limpio y bien aireado.

Es recomendable que reciba luz solar, al menos durante algunos minutos al día.

Observar si hay vigas visibles que cruzan este sector.

SOLUCIONES AL SECTOR CENTRO

A menudo, el centro de una casa no está ocupado por el salón sino por un dormitorio, la cocina o el cuarto de baño. Si así fuera, se deberán colocar en él diversos elementos armonizadores: móviles, campanillas, plantas, bolas facetadas, etc. Será conveniente evitar que cualquiera de los muebles que contenga generen flechas venenosas hacia el punto central, ya que eso alteraría el Chi de toda la vivienda. El color más indicado para las paredes, en este caso, es el crema, que puede combinarse con tonos verde azulado en la tapicería. Estos son, también, los tonos que deben estar presentes en los cuadros y objetos de decoración. Si se tratara de un cuarto de baño, pueden ponerse juegos de toallas, jabón, cepillos y cortinas con estas tonalidades.

Una planta de laurel ayudará a equilibrar la energía del lugar y es adecuada, sobre todo, para las cocinas. En caso de que el centro estuviera en el dormitorio o en un baño, podrá utilizarse un quemador de aceites esenciales cargado con lavanda. A tal fin sirven también las varillas de incienso con ese aroma, velas ungidas con dicho aceite e incluso la planta natural.

La utilización de patios en las casas es una herencia de culturas como la china, la árabe e incluso la andaluza.

Si no es posible hacer llegar hasta el centro la luz del sol, será una buena idea poner un foco que, desde un ángulo, lo ilumine. De este modo quedará remarcada su importancia.

En los centros que sean cruzados por vigas, habrá que colgar de ellas algunas cintas de colores (verdes y azul claro o bien crema) para equilibrar la energía.

También pueden usarse banderas y móviles.
Si esa zona recayera sobre un pasillo, lo mejor es colocar en él espejos para lograr una mayor amplitud.

SECTOR FUEGO (I). LA LUZ INTERIOR, LA FAMA, EL ÉXITO, LA REPUTACIÓN

El sector Fuego, situado al sur, se corresponde con el Ave Fénix en el mapa de los animales. También con la luz, el sol, el calor, el relámpago, la iluminación y el color rojo.
El trigrama Li está constituido por una línea partida (Yin) encerrada por dos enteras (Yang). Como la línea femenina es la que ocupa el lugar central en el trigrama, éste se considera Yin.
El Bagua debe superponerse al plano de la casa de modo que el sector Fuego coincida con la puerta principal (siguiendo las directrices de la escuela de los Gorros Negros, no debe tenerse en cuenta el punto cardinal real en el que la entrada esté situada).
Este sector es el puente entre los moradores de la vivienda y el exterior y simboliza las relaciones entre ambas partes.
El Feng Shui asegura que la armonía en esta área asegura el éxito, la promoción, el brillo y la buena reputación de los habitantes del lugar. Un mal equilibrio, por el contrario, propicia los tropiezos en la vida pública, el cotilleo de los vecinos e, incluso, problemas legales.
Pero la «casa de la iluminación», como se denomina igualmente a esta posición, alude no sólo a la reputación y reconocimiento exterior, sino que también hace referencia a la luz interna, a la integridad personal y a la claridad de la visión íntima y privada. Es decir, se relaciona con la luz que brilla en el interior de cada persona que habite en la casa, con el cultivo personal, el sentimiento de autoestima, la autovaloración y el respeto por uno mismo.
La cualidad del fuego es explosiva y envolvente; irradia hacia todos los rincones y la puerta de entrada, justamente, el lugar por donde entra el Chi.

- DETALLES A OBSERVAR

En el estudio de cada una de las áreas del Bagua, lo primero que hay que verificar es si la zona está completa o si, por el contrario, tiene «mordidas» o sobrantes. En el sector Fuego, estas asimetrías generan perturbaciones que influyen

▼ *El sector Fuego es el puente entre los moradores de la vivienda y el exterior.*

negativamente en la vida de los residentes restándoles brillo personal, autoafirmación, aplomo o convirtiéndolos en la comidilla del barrio.

Es necesario tener presente la relación del elemento fuego con los otros cuatro, a fin de proporcionar el buen equilibrio a su sector:

- La presencia del elemento fuego incrementa el fuego.
- La madera (madre) produce fuego (hijo).
- La tierra (hijo) debilita al fuego (madre).
- El agua (abuelo) destruye al fuego (nieto).
- El metal (nieto) refuerza la tierra que, a su vez, debilita al fuego (abuelo).

Observando estos vínculos, puede comprenderse que si en una parte del sector Fuego se instala un cuarto de baño o un aseo próximo a la puerta de entrada, el Chi de toda el área se verá perturbado alterando con ello las relaciones entre los moradores y el exterior. El elemento agua, presente en todo baño, destruye al elemento fuego que es el que debe reinar en esta zona, razón por la cual la energía no podrá fluir adecuadamente.

El problema se agravará si ese baño presenta manchas de humedad, fontanería deficiente, está descuidado y sucio o tiene una ventilación e iluminación

El elemento madera debilita el agua y genera el fuego.

insuficientes.

Si el sector que estamos tratando tuviera un saliente, un agregado, también perturbará el Chi produciendo una sobrecarga energética. El Feng Shui advierte que un sector Fuego excesivamente potente atrae desgracias, pero que los pequeños excesos en él sólo acarrearán trastornos en las relaciones sociales. Una de las consecuencias de los salientes en la zona de Fuego es la pérdida de privacidad de la familia: los secretos podrían hacerse públicos y, muy posiblemente, sus moradores se conviertan en la comidilla del barrio.

Debido a que el fuego se relaciona

Los colores naranja y rojo son propios del fuego y potencian el Chi.

también con la vida sexual y emocional, las alteraciones en esta casa del Bagua podrían producir grandes altibajos en el humor de sus habitantes. Un exceso crearía en ellos la tendencia a la impulsividad.

SOLUCIONES AL SECTOR FUEGO

• PARA CORREGIR UN SECTOR FUEGO INSUFICIENTE

La presencia excesiva de agua en este sector sería debilitante, pero se puede contrarrestar con el elemento madera, que debilita al agua y genera el fuego, o con el elemento tierra. De este último no hay que abusar porque si bien destruye el agua también debilita el fuego.
Si hay un baño aquí colocado, lo mejor es decorarlo con paneles de madera o de corcho. La tierra podría estar presente a través de algunos adornos de terracota, de cerámica cocida y sin esmaltar.
Esta zona se potencia fácilmente mediante la luz. Las pantallas anaranjadas que den a la iluminación del ambiente un tinte cálido son las más apropiadas. Es un punto apto para situar en él un emisor de calor (radiadores, estufas, chimeneas).
La colocación de espejos ampliará la zona y, con ella, la reputación de los habitantes de la casa.
Los desconchones en paredes y techos, las manchas de humedad, la falta de higiene o el desorden puede inducir a la pérdida de la autoestima o al fracaso social.
Los colores adecuados para esta zona son, indudablemente, el rojo y el anaranjado, propios del fuego. Unas velas de estos colores potenciarán el Chi y las buenas vibraciones de la zona, al igual que una alfombra en la que predomine el rojo o el naranja.
La puerta de entrada se puede pintar de rojo brillante. También es adecuado colocar en ella tiradores de bronce que deben estar siempre brillantes.
Otros colores posibles son los verdes y marrones, que potencian el elemento madera.

• PARA CORREGIR UN SECTOR FUEGO EXCESIVO

En caso de que este sector ocupara un espacio excesivamente amplio, será preciso colocar en él objetos que

▲ *Cuando el sector Trueno está desequilibrado, se rompe la armonía en la familia.*

pertenezcan al elemento agua; por ejemplo, una fuente junto a la entrada, un gran cuenco con plantas acuáticas, una marina pintada en azules profundos, etc. a fin de restarle protagonismo y equilibrarlo con las demás áreas del Bagua.

Esta solución también se puede aplicar a los salientes que pudiera tener.

EL SECTOR TRUENO (CHEN)

Situado al Este, se corresponde con la madera y está asociado a la familia y los antepasados. Se representa con una línea entera (Yang) sobre la que descansan dos partidas (Yin). El trigrama, en su conjunto, es Yang, ya que la línea entera, masculina y positiva, captura a las dos partidas, femeninas y negativas.

El trueno es energía y movimiento, representa un tiempo de expansión. Se asocia al elemento madera y a la primavera, razón por la cual también se lo relaciona con los nuevos comienzos.

Como antecede a las tormentas, también simboliza las dificultades imprevistas.

Este sector hace referencia a la necesidad de fortalecernos física y emocionalmente para afrontar los problemas.

En la cultura china, el concepto de familia es más extenso que en oriente; allí es muy importante el culto a los antepasados ya que se reconoce que su legado es el que conforma el mundo que conocemos, la cultura que nos impregna.

Por esta razón, el sector Trueno del mapa Bagua simboliza no sólo la familia sino también los ancianos y las personas que han ejercido sobre nosotros o nuestro grupo familiar una influencia importante, como son los tutores, maestros o profesores.

Cuando este sector está desequilibrado, se rompe fácilmente la armonía de los habitantes de la casa y se debilita toda la familia. También se tienen en cada nuevo comienzo más tropiezos de los que se pudieran esperar. Aparecen las dificultades para conseguir otro trabajo, nuevas amistades, aficiones, etc. Todo ello

hace que los cambios que se quieran establecer, aún siendo para mejorar, se vean frenados o no dispongan del impulso suficiente para prosperar. La relación con maestros y tutores también puede sufrir tropiezos si esta área no es lo suficientemente armoniosa.
La salud de las personas ancianas que vivan en la casa se verá directamente afectada por los desequilibrios de la zona Trueno. Allí es donde pudiera colocarse el dormitorio de los abuelos o, en su defecto, una sala de estar en la cual la familia comparta gratos momentos. Puede ser decorada con fotografías de los antepasados o de la infancia y el momento presente de sus moradores. Los recuerdos, en general, son bien recibidos en este lugar.
Debido a su relación con los comienzos de cada ciclo, de cada actividad, este sector es especialmente apropiado para situarse en él a la hora de tomar decisiones sobre un nuevo negocio o actividad. Su potente energía propiciará la claridad mental suficiente para arrancar con muy buen pie.

• Detalles a observar

En primer lugar, habrá que comprobar si la estructura de la zona es simétrica y armónica o si, por el contrario, tiene «mordidas» o salientes.
La energía de la zona Trueno también está relacionada con la salud y el Feng Shui considera que una ausencia de esta zona en el Bagua de la casa puede determinar que los ocupantes sufran enfermedades constantemente. El trueno aporta a todos la energía y resistencia necesarias para combatir infecciones y muchas otras dolencias, de modo que si no está presente, el organismo de quienes vivan ahí será mucho más vulnerable.
El sector Trueno se vincula con la madera, por lo cual habrá que tener en cuenta la relación que ésta tiene con el resto de los elementos:

- La presencia de la madera incrementa la madera.
- El agua (madre) genera madera (hijo).
- El fuego (hijo) debilita la madera (madre).
- El metal (abuelo) destruye la madera (nieto).
- La tierra (nieto) genera el metal que, a su vez, destruye la madera.

Se considera positivo que esta zona, que se corresponde con la familia, tenga un pequeño saliente ya que reforzará las relaciones familiares y los vínculos con los antepasados. Si el saliente es excesivamente grande, podría dar como resultado una familia aglutinada, cerrada en sí misma, que tuviera dificultades y temores para comunicarse con su entorno. También podría dar como resultado que los residentes fueran propensos a comenzar muchas cosas diferentes sin centrarse realmente en ninguna.

La presencia de objetos rotos o el deterioro de paredes, techos y objetos en la zona Trueno representan las dificultades para iniciar nuevos proyectos así como problemas en las relaciones familiares.

SOLUCIONES AL SECTOR TRUENO

- Para corregir un sector Trueno insuficiente

Si la zona Trueno tiene una o más partes «mordidas», será necesario utilizar espejos para equilibrar la parte ausente en el espacio. Una mayor iluminación sobre la pared en la que debiera estar el trozo que falte compensará en gran medida la asimetría del lugar. También es posible equilibrarlo poniendo objetos de madera, siempre y cuando no tengan ángulos que ocasionen la aceleración del Chi.

Una manera de establecer un buen equilibrio en este sector será no abusar de los elementos fuego (hijo) y metal (abuelo). En caso de que el espacio fuera insuficiente, además de utilizar elementos de madera se podrá acudir al elemento agua (madre).

Se desaconsejan las tonalidades doradas y plateadas, el metal, las imágenes que aludan al otoño, verano e invierno así como los colores gris, naranja y rojo.

El azul profundo, en cambio, podría aportar agua, que es el elemento generador de la madera. Combinándolo con tonos marrones se puede crear un efecto tranquilizador y, al mismo tiempo, activo.

Los tonos ideales para tapizar este sector son los azules y los verdes. Las rayas y los cuadros deben estar combinados con líneas de movimiento ondulante.

▲ *El agua en la naturaleza jamás fluye de abajo hacia arriba.*

- Para corregir un sector Trueno excesivo

Cuando un elemento tiene demasiada preponderancia y rompe el equilibrio, la manera más fácil de compensarlo es introducir objetos que correspondan al elemento que éste genere o los de aquél cuya relación de parentesco sea de abuelo a nieto. En este caso, la madera genera fuego (por lo tanto los tonos rojos y anaranjados del fuego debilitarán el exceso de madera y, por lo tanto, del sector Trueno). Como el metal (abuelo) destruye la madera, los objetos metálicos controlarán los excesos.

En caso de que esté relacionado con la familia y tuviera un saliente excesivo en el que hubiera una ventana, sería apropiado poner en ella una reja de hierro forjado (metal) para compensar.

También son apropiadas las esculturas o adornos de bronce y plata y, sobre todo, las velas rojas y naranjas (fuego). Ese rincón saliente podría iluminarse con una lámpara que tuviera una pantalla roja o naranja y sobre sus paredes se podrían poner cuadros con predominio de estos colores a fin de disminuir la importancia de la casa del Trueno.

Un jarrón de acero o peltre con un ramo de rosas rojas obrará, sin duda, unos efectos maravillosos sobre el Chi de este sector.

Las herramientas de Feng Shui más apropiadas para equilibrar las energías de Fuego son las que se fabrican con madera o las de agua.

La cualidad sonora del trueno también puede expresarse a través de la música, de modo que en este lugar se pueden colocar instrumentos (sobre todo los de madera) así como un aparato de música.

También las máquinas que producen vibraciones aumentan la influencia del trueno, pero una manera de contrarrestarla es evitar los objetos amarillos ya que podrían estar actuando como intensificadores.

EL SECTOR AGUA (KAN). EL TRABAJO Y LA CARRERA PROFESIONAL

El sector Agua, situado al norte, se corresponde con la Tortuga en el mapa de los animales. Su trigrama está compuesto por una línea entera (Yang) encerrada entre dos líneas partidas (Yin). El trigrama, en su totalidad, es

El sector Agua se potencia con elementos relacionados con agua o metal, como por ejemplo una escultura.

Un sector Agua insuficiente se evita utilizando colores azul y negro.

considerado masculino debido a que su puesto central está ocupado por una línea Yang centrada entre dos líneas Yin. Se asocia al elemento agua que significa lo abismal, lo peligroso y la astucia.

El hombre se expresa en el mundo a través de su trabajo, tanto del remunerado como del voluntario; deja su huella en el servicio que brinda a la comunidad y a su círculo familiar o amistoso. Por esta razón, el sector Agua del Bagua se relaciona con el trabajo y la carrera profesional.

Una de las cualidades más importantes del agua es la persistencia: su constante movimiento desgasta y redondea hasta las más duras rocas. Los chinos también le confieren astucia: si un río se encuentra frente a un obstáculo que lo bloquea, poco a poco traza un nuevo lecho para sortearlo y poder llegar al mar. El agua ilustra la manera en que el hombre debe actuar con respecto a su trabajo y a su profesión; son muchos los contratiempos que tendrá que solucionar a través de su vida pero sólo la astucia y la persistencia le llevarán a buen puerto.

Sin embargo, el agua también representa el peligro: de hecho, el trigrama que la simboliza se asocia también a esta idea.

• DETALLES A OBSERVAR

Cuando falta una parte en el sector que se corresponde con el trigrama Agua, el resultado es perturbador, pues debilita los aspectos implicados en esta zona, es decir, el trabajo, la carrera, la profesión. Los residentes de la casa podrían tener dificultades para encontrar su propio camino en la vida. Como el agua implica dinamismo, constancia y astucia, los ocupantes tendrán mermadas estas cualidades y seguramente acusarán una notoria falta de fuerza de voluntad y de ambición que influirían negativamente en su vida laboral y profesional.

Para poder equilibrar sabiamente este elemento, hay que conocer sus relaciones con los demás:

- La presencia de agua refuerza el sector Agua.
- El metal (madre) produce agua (hijo).
- La madera (hijo) debilita al agua (madre).
- La tierra (abuelo) absorbe y destruye el agua (nieto).

De esto se deduce que el sector agua quedará debilitado si en él se colocan objetos, colores e imágenes relacionados con los elementos madera y, sobre todo, tierra. Por el contrario, todo lo que se relacione con agua o metal potenciará este sector.

En cuanto a las formas, las líneas onduladas y libres son las más aptas para estos lugares; y las menos adecuadas son las rectangulares (madera) y las cuadradas (tierra).

Un detalle a tener en cuenta es que en Feng Shui se considera particularmente nociva la colocación de una escalera en este sector. La razón es que en las escaleras el desplazamiento se produce de arriba hacia abajo y viceversa; por el contrario el agua en la naturaleza, ya sea en ríos, lluvia, cascadas, etc., jamás fluye de abajo hacia arriba.

Cuando esta zona está sobredimensionada, se produce una tendencia al aislamiento por parte de los moradores. Como el agua también representa los peligros, hay que prestar especial cuidado en no poner en él objetos que aceleren el Chi ni dejar rincones desordenados en los cuales se pueda estancar, ya que las perturbaciones que pudieran causar a los ocupantes del lugar serían más importantes que en otros sectores.

Al respecto cabe recordar que en la naturaleza, los excesos de agua o de fuego son los que más catástrofes producen, de modo que lo mejor será tener estos dos elementos bajo el más estricto control.

SOLUCIONES AL SECTOR AGUA

Si sobre este sector recayera una escalera, lo más adecuado es rodearla de plantas trepadoras que asciendan por ella.

- PARA CORREGIR UN SECTOR AGUA INSUFICIENTE

Si una escalera está en el sector Agua, lo mejor es colocar una planta a sus pies o rodearla con una planta trepadora.

Hay muchas maneras de compensar esta escasez. Por una parte, se recomienda utilizar los colores azul y negro y, en general, los tonos oscuros. Son adecuados los muebles de líneas curvas, así como los tapizados realizados en toda la gama del índigo, con líneas tenues y onduladas.

Los objetos de vidrio en color añil activarán el Chi. Un gran jarrón de este color en el que se coloquen espadañas u otras plantas acuáticas, dará relieve al lugar y atraerá la energía positiva.

Los móviles construidos con conchillas marinas también tendrán un efecto beneficioso en los asuntos laborales de todos los moradores de la casa.

Si sobre este sector cayera un lugar de trabajo, por ejemplo un despacho, podría utilizarse una pequeña lámpara con bombilla azul, ya que este color también potencia el intelecto.

En un sector de agua pequeño deben evitarse los tonos rojos, anaranjados (fuego), marrones y amarillos (tierra). También es contraindicado el uso de velas (fuego).

Un elemento que puede reforzar eficazmente el agua es una pecera o un acuario; su presencia resultará relajante y, al mismo tiempo, vivificadora. A su paso por ella, el Chi cobrará nueva fuerza y fluirá correctamente. Si no fuera posible, se podría poner un cuenco u otro recipiente con conchillas y caracolas marinas.

▲ *Las lamparillas chinas resuelven los rincones problemáticos.*

- PARA CORREGIR UN SECTOR AGUA EXCESIVO

El hecho de que este sector abarque un poco más de lo que correspondería, según el Bagua, no es contraproducente; seguramente permitirá que los habitantes de la casa o quienes trabajen en ese lugar tengan una predisposición correcta hacia el trabajo y la profesión. Sin embargo, si su tamaño es excesivo o tiene salientes demasiado marcados, los moradores pueden sufrir descompensaciones (por ejemplo, dedicarse casi exclusivamente a los problemas laborales y descuidar los lazos afectivos con su familia).

Para compensar un exceso de agua es necesario introducir elementos tierra y fuego. Pueden resultar efectivas las velas, sobre todo las de color rojo y naranja. También la colocación de cojines u objetos de estos colores en el espacio que sobresalga.
La tierra puede estar presente a través de una escultura de arcilla, de vasijas de terracota. También se puede buscar el equilibrio partiendo del suelo, colocando losetas de cerámica color teja o de gres. Otra opción es armonizar el lugar mediante los colores de las cortinas y las alfombras.
Un cuadro en tonos marrones o una representación del verano logrará un efecto suavizante.
La luz puede jugar un papel especial; si hay algún rincón problemático, se puede colocar en él una lámpara de papel de arroz, tan típicas en China, cuyos colores predominantes son el rojo y el amarillo.

SECTOR LAGO (TUI). LA CREATIVIDAD, LOS HIJOS, LA ALEGRÍA Y EL VALOR

Situado al oeste, se corresponde con el Tigre y en los cinco elementos con el llamado «metal pequeño». La diferencia entre el «metal grande», que se asocia a la puerta del cielo, y el metal pequeño, es que el trigrama Cielo es Yang y trigrama Lago es Yin. Está formado por dos líneas enteras (Yang) sobre las cuales descansa una línea partida (Yin).
Dependiendo de los textos, en el canon familiar chino representa a la hija más joven o la concubina. Al respecto hay que decir que en la antigua sociedad de ese país, el hombre tomaba una o varias concubinas para poder tener más hijos e incrementar su descendencia; por esta razón este trigrama se encuentra relacionado con los hijos y la fertilidad.
Del mismo modo que en la astrología occidental la casa quinta, llamada «de los hijos» representa no sólo los descendientes sino también las obras creativas que toda persona hace a lo largo de su vida, este sector del Bagua tiene una acepción muy amplia, ya que abarca todos los aspectos de la creación.
También representa al niño interior que todo adulto lleva dentro.
El sector Lago alude a lo que produce alegría y placer, al espíritu lúdico, a la posibilidad de crear y a la de tener descendencia. Los desequilibrios en esta

▼ *Para el Feng Shui la presencia del metal refuerza el propio metal.*

zona mermarán el talento a la vez que provocarán diversos trastornos en los habitantes de la casa. Entre otros, pueden citarse malhumor, apatía, ánimo depresivo o irritable, excesiva seriedad o austeridad, impedimentos para disfrutar de los regalos que nos da la vida, dificultades en las relaciones entre padres e hijos, etc. Los colores del metal pequeño son el blanco, el plateado y el dorado.

• Detalles a observar

Como siempre, habrá que estudiar la estructura de esta área: ver si en él hay «mordidas» o si sobresale algún trozo. Para armonizar el sector Lago, habrá que tener en cuenta la relación del metal con los otros elementos:

- La presencia del metal refuerza el metal.
- La tierra (madre) produce metal (hijo).
- El metal (madre) es agotado por el agua (hijo).
- El metal (nieto) es destruido y derretido por el fuego (abuelo).

La presencia de agua y de fuego mermará las energías de la casa del Lago, razón por la cual, si el espacio es regular y en su construcción está bien equilibrado, no habrá que abusar del uso de estos elementos.
Si se coloca una habitación de trabajo en este sector se favorecerá la creatividad, pero también se correrá el peligro de estimular excesivamente el sentido lúdico. Por la misma razón, no es el lugar más adecuado para poner en él una habitación para estudio y sí, en cambio, para hacer en él un área de juegos o de expresión artística.
Puede ser un buen lugar para instalar en él la cocina; sobre todo si alguno de los habitantes de la casa disfruta con las tareas culinarias. Este emplazamiento estimulará su imaginación y su entusiasmo a la hora de crear los diferentes platos.
Los objetos dorados y plateados aumentarán la energía del lugar así como los tonos blanco, tiza y hueso. Los móviles fabricados con campanillas o con tubos de bronce también ayudarán

▲ *Si una zona de trabajo está en el sector Lago, se puede reducir su sentido lúdico utilizando tonos claros, como el blanco o el crema.*

a armonizar el Chi que circule en el sector. Los tonos ocre en la tapicería y los cortinados, al pertenecer al elemento Tierra, potenciarán también su energía

SOLUCIONES AL SECTOR LAGO

Si en este sector hubiera un lugar de trabajo, como por ejemplo un despacho, podría reducirse su sentido lúdico pintando las paredes con tonos grises que imponen seriedad y mesura y que armonizan perfectamente con los tonos blancos tirando a hueso.

- PARA CORREGIR UN SECTOR LAGO INSUFICIENTE

El elemento que corresponde a este sector es el metal, razón por la cual los adornos, muebles o herramientas metálicas de Feng Shui serán los más adecuados para reforzarlo.
Como la tierra potencia el metal, también habrá que utilizar elementos de decoración que por forma, color o textura estén relacionados con ella: alfombras marrones, tapicerías en amarillo, cuadros con escenas de campo y, sobre todo, plantas. Entre éstas, los arbustos de forma redondeada son los que más refuerzan el metal.
Si alguna parte de este sector estuviera mermada, deberá ser compensada o bien por un elemento que se corresponda con el metal o bien con alguno que esté relacionado con los niños, el juego o la creatividad.
Un sector Lago insuficiente o ausente podría retrasar la llegada de los hijos.

▲ *Decorar con fuentes mejora un sector Lago excesivo en nuestra casa.*

- PARA CORREGIR UN SECTOR LAGO EXCESIVO

Las casas donde vivan personas relacionadas con la creatividad, con el arte, pueden tener un sector Lago ligeramente excedido, sobre todo si en él se ha colocado el lugar de trabajo. Sin embargo, no se aconseja que esta zona sea demasiado desproporcionada con relación al resto ya que generaría problemas no sólo en el aspecto de la vida que representa sino también en los demás.
Para reducir el poder del metal asociado a esta parte de la casa se pueden utilizar elementos de agua y de fuego. Las velas

azul oscuro podrían ser útiles a tal fin. También los quemadores de incienso, las chimeneas, las fuentes de agua reciclada o los cuadros con escenas marinas. Debe entenderse que la iluminación también responde al elemento fuego, razón por la cual las luces, al ser de fuego, pueden rectificar los excesos que haya en esta zona.

SECTOR VIENTO (SUN). LA FORTUNA Y LA PROSPERIDAD

Este sector se encuentra en el sudeste y está asociado con la madera («madera pequeña»). El trigrama está formado por una línea cortada (Yin) sobre la que descansan dos trazos enteros (Yang). El signo, en su totalidad, se considera femenino y representa a la hija mayor. Antiguamente, en la sociedad china, el modo que tenía una familia pobre de prosperar y hacer fortuna era casando a su hija mayor con un hombre rico. La belleza y las cualidades de la hija mayor eran consideradas un tesoro mediante el cual podían mejorar las condiciones de vida de la familia entera en caso de que la muchacha pudiera hacer un matrimonio provechoso. De ahí que este trigrama se haya relacionado con la riqueza, la prosperidad y la buena fortuna.

El viento es lo suave, lo penetrante. En la naturaleza, dispersa las nubes que oscurecen el sol dando paso a un cielo limpio y claro; en la vida humana, es la penetrante lucidez que descubre e inutiliza las segundas intenciones, las maquinaciones, y deja paso a la verdad. Los efectos del viento no son inmediatos ni espectaculares; este elemento logra las transformaciones del entorno utilizando la suavidad y la persistencia. La casa del Bagua que corresponde al viento se relaciona no sólo con la riqueza material sino también con todo lo que nos hace sentir afortunados, prósperos y plenos.

• Detalles a observar

El Feng Shui considera que si falta la zona Viento en la estructura de una vivienda o local, los residentes no contarán con una base económica sólida y tendrán, además, dificultades a la hora de prosperar. Cualquier desequilibrio en esta área también perturbará las finanzas y la confianza en el futuro.

Las hojas rojas contrarrestan el exceso de elemento madera del jardín.

En China se dice que el dinero se va al tirar de la cadena. Por esta razón, es totalmente desaconsejable poner un cuarto de baño en este sector ya que eso influiría negativamente en todos los asuntos económicos de los residentes o del dueño del local. Si esta situación se diera en un local o en unas oficinas, el dueño del negocio tendrá que solventar grandes dificultades para poder salir adelante. La introducción de un inodoro en esta localización puede, en un momento dado, llevar a la bancarrota. Esta ubicación tan desafortunada es muy difícil de solucionar, de modo que si no se puede cambiar la colocación del inodoro, lo mejor es trasladarse a otro lugar.

SOLUCIONES AL SECTOR VIENTO

Para quienes tengan emplazado un cuarto de baño en este sector del Bagua, el Feng Shui recomienda poner una piedra grande encima de la tapa del inodoro para anclar la energía e impedir que la suerte se cuele por su gran boca. Como esta solución es incómoda ya que las piedras de gran tamaño son muy pesadas y difíciles de manejar, lo mejor es reemplazarlas por una cesta con cantos rodados que cumpliría el mismo objetivo. Para reforzar esta cura se puede pegar un pequeño espejo en la base o el pie del inodoro.

En caso de que este sector estuviera ausente en el mapa de la casa, será imprescindible localizar la zona Viento de cada habitación a fin de reforzarla con los objetos y colores adecuados. Esos lugares deberán cuidarse con atención, ya que los desconchones, la suciedad y el desorden los deteriora.
Para realizar las curas y armonizaciones adecuadas, es necesario conocer los vínculos de la madera con los demás elementos:

- La presencia de la madera refuerza el elemento madera.
- El agua (madre) genera madera (hijo).
- El fuego (hijo) debilita la madera (madre).
- El metal (abuelo) destruye la madera (nieto).

La peor combinación para este sector es instalar en él un baño en el que predomine el metal, ya que éste destruye la madera. Si el baño está colocado sobre esta zona, tampoco conviene encender en él velas, decorarlo con naranjas y rojos (tonos de fuego) o con blancos puros. Lo correcto es utilizar para cortinas, toallas y sanitarios las distintas tonalidades del verde y del marrón (madera) con algunos toques de azul (agua).

• PARA CORREGIR UN SECTOR VIENTO EXCESIVO

Aunque muchos puedan pensar que la fortuna y la prosperidad nunca son excesivas, una zona Viento exageradamente grande podría provocar en los moradores una tendencia a la avaricia, un afán por conseguir más cada día olvidándose de cultivar otros aspectos de su vida.

Si el sector resulta excesivamente grande, se puede controlar mediante esculturas u objetos metálicos.

Los tonos rojo y naranja, correspondientes a fuego, debilitan la madera, por lo tanto podrían utilizarse para equilibrar su exceso.

Si hay un saliente muy grande, se puede poner en él una alfombra con matices rojizos, una vela grande a tono con ella en un rincón o un cuadro representando una escena primaveral. Si en él hay una ventana, la compensación podrá hacerse mediante una reja de hierro forjado o poniendo en el alféizar rosas o geranios rojos. Las cortinas en este tono también contribuirían a crear una atmósfera más sana.

• Para corregir un sector Viento insuficiente

Si la zona tiene una «mordida», lo mejor es colocar en la pared opuesta un gran espejo para que de amplitud visual al sector. Las cortinas con cuentas de madera o caña servirán para activar el Chi y, a la vez, reforzarán el área. Pueden colocarse para dividir ese

▲ *La energía del sector Tierra promueve la estabilidad, propicia la formación de vínculos sólidos y también se relaciona con la fertilidad.*

espacio o para crear o disimular un rincón de manera que el Chi no se estanque.

Otra manera de dar a este lugar la preponderancia que merece es decorarlo con objetos de valor, sobre todo con aquellos que no sean metálicos. Los cuadros, las esculturas en piedra o marfil y los muebles antiguos modularán el Chi y generarán en la zona la energía necesaria.

Los móviles de conchillas son también aptos para este lugar, ya que el agua engendra madera. Otro tanto puede decirse de los cuencos azules en los que se pongan gotas de algún aceite esencial para perfumar el ambiente. Por el contrario, se desaconsejan aquí los quemadores de incienso y las velas (fuego).

Los instrumentos musicales y los móviles fabricados con cañas son, indudablemente, los más adecuados para la zona del viento.

Con respecto a las plantas, las que más estimulan la madera son las altas y leñosas, por ejemplo, el bambú. Un acuario o pecera también puede servir para generar la prosperidad y la buena fortuna de los habitantes de la casa. Los bailarines de viento, ya sean molinillos, banderas o estandartes, son especialmente aptos para equilibrar esta zona.

EL SECTOR TIERRA (KUN). EL AMOR Y LA PAREJA

Este sector, ubicado al sudeste, está representado por el trigrama Kun que se compone por tres líneas partidas (Yin). Simboliza a la mujer en sus variados aspectos: madre, esposa y anciana. Está asociado a la tierra, a la nutrición, a la receptividad, a la escucha; a todas las cualidades que, para los chinos, son esencialmente femeninas. En Feng Shui se considera este sector como la «Casa del Amor».

Es necesario aclarar que no sólo simboliza la relación de pareja sino todas aquellas en las cuales haya un intercambio afectivo: de padres a hijos, entre hermanos, entre amigos íntimos, etc.

Observando en el Bagua en qué estado se encuentra este sector, es posible hacer un diagnóstico acerca de la forma en que se desarrollan los afectos en la familia o en el lugar de trabajo. Si la zona está descompensada, los habitantes de la vivienda tendrán muchas dificultades para establecer una comunicación tierna, amable y afectuosa entre sí.

En Feng Shui a menudo se recurre al arreglo o armonización de este sector para mejorar las relaciones de la familia, para atraer un romance o para favorecer los aspectos amorosos.

La energía de la tierra que viene del sudoeste promueve la estabilidad; propicia la formación de vínculos sólidos, invita a prodigar cuidados a los demás, a tenerlos en cuenta. También se relaciona con la fertilidad, ya que las concepciones se producen con mayor facilidad en un clima de armonía y paz familiar que en medio de los conflictos.

• Detalles a observar

Si al colocar el Bagua sobre el plano de la vivienda o el local se observa que el sector Tierra es un poco más grande que los demás, no hay que preocuparse. Más bien puede ser tomado como un buen auspicio, ya que si las relaciones internas funcionan bien, los demás sectores se verán favorecidos.

Pero lo ideal es el equilibrio, de modo que si este sector es exageradamente grande provocará alteraciones en el ánimo de los habitantes o trabajadores del lugar. Lo más probable es que estén demasiado pendientes de los vínculos afectivos y descuiden otros aspectos de su vida como son la formación profesional, la prosperidad o la salud.

Si el sector Tierra, por el contrario, es pequeño, las relaciones afectivas se verán entorpecidas.

Dice el Feng Shui que en una casa donde falte este sector o esté muy desequilibrado, se provocará una energía tan perturbadora que sólo podría ser habitada por solteros; en el caso de que fueran a vivir allí parejas o matrimonios, sus relaciones se volverían tan incómodas, tendrían tantos problemas de comunicación, que lo más probable es que terminaran por romper.

Este sector tiene una importancia especial, ya que el soportar conflictos en la casa, en el lugar que consideramos como nuestro refugio, produce muchas alteraciones psicológicas.

Para armonizarlo se debe tener en cuenta la relación de la tierra con los demás elementos:

- La presencia de tierra refuerza el elemento tierra.
- El fuego (madre) produce tierra (hijo).
- El metal (hijo) debilita la tierra (madre).
- La madera (abuelo) destruye la tierra (nieto).

Partiendo de estas premisas, los elementos más adecuados para este sector son los que se corresponden con la tierra y con el fuego.

La presencia de baños y de rincones escondidos en el sector Tierra,

▲ *El sector Tierra se incentiva con imágenes campestres y cuadros que representen bodegones de productos alimenticios.*

perturbarán las relaciones entre los moradores de la casa.

Como la tierra también simboliza la nutrición, este sector es especialmente apto para instalar en él cocinas y comedores.

SOLUCIONES AL SECTOR TIERRA

Si al aplicar el Bagua a la vivienda se comprueba que el sector Tierra se corresponde con un cuarto de baño o un espacio nocivo como, por ejemplo, un trastero, un garaje o un lugar con ropa sucia o basura, es imprescindible que ese sitio se mantenga siempre limpio y ordenado. Será conveniente poner en él elementos que simbolicen la tierra o imágenes que refuercen el concepto de amor. Para compensar aún más el problema, se recomienda potenciar el sector Tierra de las demás habitaciones de la casa; es decir, utilizar el Bagua para localizarlo en cada dormitorio, en la sala de estar, en la cocina, etc., con el fin de poner en ese sitio elementos que lo refuercen. En esta zona, tal vez más que en ninguna otra, debe buscarse el mayor equilibrio posible entre los elementos Yin (femeninos) y los Yang (masculinos). Esto se consigue alternando pares de opuestos: los suelos de mármol y las superficies duras (Yang) crean un entorno dinámico que se compensa con elementos suaves (Yin) como moquetas, alfombras mullidas, cojines que aportan suavidad, relajación y receptividad. Las superficies oscuras (Yin) ofrecen contraste a las claras (Yang). Jugando con ambos conceptos, se podrá modificar el entorno aumentando el Yin o el Yang a fin de obtener una atmósfera adecuada para cada ocasión.

- PARA CORREGIR LA INSUFICIENCIA DEL ELEMENTO TIERRA

Si en el sector Tierra de una vivienda o local hay «mordidas» o elementos que produzcan un claro desequilibrio, los residentes deberán prestar atención a sus asuntos amorosos porque probablemente sea ahí donde les surjan problemas. Se recomienda compensar ese vacío aumentando la energía del elemento tierra en toda la vivienda, especialmente en la cocina y en el comedor. Otra manera de minimizar los riesgos es armonizar al máximo el sector Fuego de la casa y el de todas las habitaciones.
Se puede potenciar la tierra con objetos fabricados con materiales que se extraen de ella: el barro cocido, la terracota, la cerámica, el gres, el yeso y la cal. En cuanto a las formas, son aptas las cuadradas y las triangulares; estas últimas están asociadas al elemento fuego.
Las imágenes campestres, así como los cuadros de productos alimenticios (bodegones) darán más energía positiva a este sector.
Entre los colores más adecuados se pueden citar los amarillos pálidos, ocres, mostazas, beige, anaranjados, tonos tierras y rojo.
Están indicados los toques dorados y los tejidos de textura gruesa y pesada; también las plantas de poca altura, los arbustos (siempre y cuando no tengan forma redondeada, ya que éstos corresponderían al elemento metal) y las flores de color naranja y amarillo.
Los muebles flexibles también inciden en la creación de espacios cálidos y acogedores; pueden escogerse los de bambú, combinados con cojines rojos y naranjas que aludan al elemento fuego.
La luz juega, en este sector, un papel muy importante. Deben evitarse a toda costa los tubos fluorescentes; la iluminación general es preciso que

Para el sector Tierra son apropiadas las plantas de poca altura, los arbustos y las flores de color naranja y amarillo.

tenga un tono amarillo, que resulta cálido.

Pueden crearse rincones íntimos, ideales para los enamorados, poniendo lámparas con bombillas de baja intensidad a poca distancia del suelo. En este sentido, también son adecuadas las velas.

Debe tenerse en cuenta que una iluminación excesiva puede romper el clima amoroso.

Debido a la relación que tiene el elemento tierra con la nutrición, el Feng Shui recomienda poner en este sector bomboneras, recipientes con caramelos y dulces o un decorativo centro con fruta fresca y variada.

Los aromas tienen un papel preponderante en esta casa del Bagua porque generan una respuesta emocional inconsciente que propicia las relaciones afectivas. El tono general de este ambiente debe ser suave, armonioso e íntimo y las flores frescas ayudan a conseguirlo.

Las fotografías familiares, de la pareja o de las amistades en momentos agradables sirven para reforzar los lazos afectivos.

En el aspecto simbólico, el Feng Shui considera muy importante que en estos rincones haya objetos y motivos que representen parejas alegres y unidas, en buena armonía. El contenido de las fotografías, imágenes, cuadros o esculturas tienen un efecto psicológico inconsciente, pues emiten una energía que, captada por nuestro cerebro, se traduce luego en diferentes estados de ánimo. Las que denotan soledad y tristeza provocan esa misma sensación en nosotros.

Colocar fotografías familiares a nuestra vista refuerza los lazos afectivos.

Algunos expertos en Feng Shui tienen un método para mejorar una relación que atraviese una etapa de inestabilidad y alejamiento: consiste en colocar un tazón de porcelana con piedras y cuarzos de formas circulares. Las más aptas son el cuarzo rosa, el jade, el cuarzo blanco, la venturina, la esmeralda y la turmalina rosa.

• Para corregir el exceso de elemento Tierra

Un sector Tierra excesivamente grande se puede corregir poniendo en él objetos de madera o corcho, por medio de pantallas que den una luz muy blanca, o colocando objetos decorativos de metal. Los tonos verdes y marrones pueden restar protagonismo al área, ya que pertenecen al elemento madera.

Las tapicerías con diseños florales o de hojas (madera), los móviles fabricados con tubos de bronce (metal) o una vitrina alta y estrecha cubriendo un rincón (madera) ayudarán a recuperar en este sector las dimensiones adecuadas.

De todas maneras, un exceso en esta zona del Bagua no generará graves problemas a los habitantes de la casa; lo único que hará es restar peso a otras zonas.

SECTOR CIELO (CHIEN). LOS BENEFACTORES, LOS AMIGOS GENEROSOS Y LOS VIAJES

Situado en el noroeste, el sector Cielo se relaciona con el elemento metal. El trigrama está formado por tres líneas continuas (Yang). Está asociado con la figura del padre y del emperador, por ello simboliza el patriarca, la autoridad, el jefe y lo masculino, pero también el cielo, el firmamento y lo brillante.

El trigrama cielo alude a la fuerza creativa; al cielo se le atribuyen los adjetivos de alto, noble y firme.

El sector del Bagua que ocupa este trigrama es el área por donde entra la suerte, de ahí su importancia. También es el que determina la presencia de amigos cuya generosidad, tanto espiritual como material, nos permite prosperar y evolucionar.

Se ha dicho que el trigrama Cielo representa al padre y en este sentido, se considera como tal a la persona que proporciona el sustento, que sostiene económicamente a la familia. Esta aclaración es actualmente necesaria, porque en muchos hogares no es el padre sino la madre quien cumple con esa función.

En el caso de analizarse una empresa, un lugar de trabajo, deben considerarse padres a las personas que aportan el capital y de las cuales depende la existencia de la misma.

• Detalles a observar

La presencia de un baño o un aseo en este sector se considera desafortunada. La ubicación de un inodoro, que tiene tan malas connotaciones con el dinero, en el lugar que corresponde al soporte económico, tendrá efectos perturbadores y afectará negativamente a la figura representada.

▲ *Un sector Cielo insuficiente se corrige usando el color blanco, entre otras cosas.*

Para asociar correctamente los objetos que potencien este sector, conviene recordar las relaciones del metal con los demás elementos:

- La presencia del metal refuerza el metal.
- La tierra (madre) genera metal (hijo).
- El agua (hijo) debilita el metal (madre).
- El fuego (abuelo) funde el metal (nieto).

Un exceso de elementos de agua (tonos azules, líneas onduladas) puede debilitarlo, al igual que los elementos fuego (formas triangulares, colores rojo y naranja, la presencia de radiadores, chimeneas y estufas). Por el contrario, los elementos pertenecientes a la tierra (tonos ocres, mostazas y amarillos, cerámica, tejidos rústicos) servirán para realzarlo.

SOLUCIONES AL SECTOR CIELO

Si en este sector hubiera un baño o aseo, será necesario armonizarlo muy bien y darle, además, una mayor importancia en el resto de las habitaciones, especialmente en el cuarto de estar, en el salón, en el comedor y en la habitación del cabeza de familia. También es recomendable reforzar el sector Viento, ya que es allí donde se genera la energía que trae el dinero.

• CONSEJOS PARA CORREGIR UN SECTOR CIELO INSUFICIENTE

Si el sector estuviera ausente u ocupado por un garaje, podrían presentarse problemas con los asuntos relacionados con la autoridad así como dificultades en la obtención y aprovechamiento de los apoyos. En este caso se deberá hacer una cura proyectando la zona mordida.

Si no fuera posible, otras alternativas son: forrar ese trozo con metal, colocar en él adornos de bronce, si hay una ventana ponerle una reja de hierro o bien reforzar el elemento tierra, madre del metal, con objetos cerámicos. Como en todos los casos en los que hay «mordidas», también es adecuada la utilización de espejos para dar una mayor amplitud visual.

En esta área dedicada a los benefactores y amigos, lo mejor es colocar objetos con formas redondas: curvas, arcadas, óvalos, bolas faceladas. Los colores indicados son los blancos, grises y dorados.

Las fotografías en blanco y negro ayudarán a potenciar el lugar; sobre todo si muestran a los amigos y al cabeza de familia.

Como esta región se asocia con el final del otoño, cabe también poner escenas de paisajes en los que abunden las hojas secas, sobre todo si son amarillas (aluden más claramente al elemento tierra).

No debe olvidarse que este lugar también se corresponde con los viajes. Aquí pueden ponerse los recuerdos que se hayan traído de otros países. Tienen especial importancia los que se relacionen con mitos y costumbres de esos lugares.

- Consejos para corregir un sector Cielo excesivo

Los añadidos en la estructura de la construcción situados en el sector Cielo, pueden causar perturbaciones y desequilibrios relacionados con el abuso de autoridad y de energía masculina. También es posible que propicien el desarrollo desmedido del egocentrismo en los varones de la casa y debiliten la energía en las mujeres. Obviamente, cuanto mayor sea el desequilibrio, mayores serán los problemas que origine. La introducción de elementos Yin en este sector servirá para atenuarlo. También las formas, colores y texturas correspondientes a los elementos fuego y agua. Las líneas onduladas, los triángulos, los colores azul oscuro, rojo y naranja servirán a tal propósito. El uso de velas también está indicado como atenuante.

SECTOR MONTAÑA (KEN). EL APRENDIZAJE, LA SABIDURÍA Y LA CONTEMPLACIÓN

Esta zona del Bagua señala el nordeste y está asociada con el elemento tierra. El trigrama que la representa está formado por una línea entera (Yang) que descansa sobre dos líneas partidas (Yin). En su totalidad, es un trigrama positivo, masculino.

La montaña representa al hijo más joven, la contemplación y la introspección. Su

En el sector Montaña no conviene instalar la habitación de los niños, porque esta zona se relaciona con la introspección, la quietud y el silencio.

sector es la casa del saber y de la meditación; contiene los elementos que nos hacen avanzar cultural y espiritualmente.

En la antigua China, los niños pequeños eran instruidos cuidadosamente para que se constituyeran en los receptores de la cultura y la educación. El conocimiento artesanal o intelectual proporcionaban las herramientas necesarias para asegurarle la supervivencia, y toda descendencia que perpetuara la familia era la clave de la prosperidad. Por este motivo, esta zona del Bagua está relacionada con el aprendizaje, los logros académicos, el saber y la cultura.

La montaña significa quietud y contemplación. El aprendizaje se asimila y se convierte en saber cuando se aquieta el cuerpo y la mente, cuando hay orden interior. La contemplación y la quietud de la montaña transforman la información y los datos en conocimiento y sabiduría.

Pero en la representación de la montaña se incluye también una cueva, que simboliza la entrada a nuestro yo más profundo, a la introspección silenciosa.

Este trigrama también simboliza la solidez, el silencio, la pesadez y la inmovilidad.

La introspección que representa el área de contemplación no se ciñe exclusivamente al mundo espiritual en su faceta religiosa; abarca, además, la capacidad de meditar, de reflexionar acerca de los problemas cotidianos, la búsqueda de respuestas interiores a las inquietudes personales, el pensamiento profundo y el modo atento de contemplar y considerar cada uno de los pasos que damos.

• Detalles a observar

Como el sector Montaña se relaciona con el elemento tierra, deberá tenerse en cuenta qué presencia tiene ésta en relación con los demás, sobre todo con su elemento hijo y su elemento abuelo:

- La presencia de la tierra refuerza el elemento tierra.
- El fuego (madre) genera tierra (hijo).
- La tierra (madre) es agotada por el metal (hijo).

- La tierra (nieto) es destruida por la madera (abuelo).

Si en este sector los elementos clave no están lo suficientemente equilibrados, los ocupantes de la casa o del local tendrán trastornos y problemas en todo lo que se relacione con el aprendizaje, la iluminación interior y la sabiduría.

Como esta zona del Bagua se considera vinculada a la introspección, la quietud y el silencio, se descarta como lugar apropiado para un cuarto de juegos o dormitorio infantil. En él los niños no se sentirán cómodos y se corre el riesgo de que tiendan a la introversión, refugiándose más en los libros que en los amigos y en la familia. Si no quedara más remedio que poner el cuarto de los niños en el sector montaña, sería necesario reforzar el sector Lago en ésta y en las demás habitaciones de la casa.

- CONSEJOS PARA CORREGIR UN SECTOR MONTAÑA INSUFICIENTE

Si al aplicar el Bagua al conjunto de la casa aparecieran «mordidas» en el sector Montaña, o si éste estuviese ausente, habrá que tomar medidas ya que esto puede resultar muy perturbador para la estructura de toda la vivienda. No hay que olvidar que la montaña simboliza la quietud y la estabilidad.

Es muy probable que sus habitantes vivan en un estado de provisionalidad

▲ *Las formas redondeadas, como esta mesa y sus sillas, contrarrestan el peso de la Tierra.*

permanente, que no se sientan demasiado seguros en ella, que no la consideren el refugio adecuado. Las asimetrías y desórdenes en el sector Montaña tendrán, además, una gran influencia en todos los aspectos de la vida de los residentes.

Para paliar los efectos de esta situación, es necesario aplicar el Bagua a todas las habitaciones de la casa a fin de localizar en cada una de ellas esta zona. Una vez hecho esto, se potenciará el lugar con objetos correspondientes al elemento tierra y al elemento fuego (madre).

En este sentido, puede utilizarse toda la gama de rojos y amarillos, pasando por los naranja, tanto en las tapicerías como en los cuadros y objetos decorativos.

La parte menguada de este sector se puede aumentar de la misma manera que los demás: con el uso inteligente de los espejos.

Los objetos y muebles pesados ayudarán a dar la sensación de estabilidad que requiere la zona. En ella, la luz deberá ser tamizada, cálida y confortable de modo que invite a la serenidad y la introspección. En su proximidad, deberá evitarse todo bullicio.

Los objetos de loza, cerámica, porcelana y cristal reforzarán el área de Montaña al igual que los colores ocre y el negro. En cuanto a formas, las más aptas son las cuadradas, propias de tierra, y las triangulares, que simbolizan el fuego.

- CONSEJOS PARA CORREGIR UN SECTOR MONTAÑA EXCESIVO

Los añadidos que pueda tener una casa o local en este sector del Bagua son tan perjudiciales como los trozos que falten, ya que provocan desequilibrios en una zona que debería ser la más estable y sólida del edificio. A diferencia de lo que ocurre en otras casas del Bagua, cualquier exceso en ésta, por pequeño que sea, se considera siempre nocivo.

Entre los perjuicios que esta situación podría producir, cabe citar los conflictos de pareja, las dificultades de comunicación entre los miembros de la familia, la tendencia de éstos a aislarse y no contar con la colaboración de los demás, la falta de romanticismo y de espontaneidad, la represión excesiva de los placeres y de la alegría.

Los remedios que pueden aplicarse para equilibrar un exceso en este sector incluyen el uso de elementos de madera y metal. Las formas redondas (metal) y los muebles rectangulares, altos y estilizados (madera) contrarrestarán el peso de la tierra. También los tonos verdes, plateados y dorados.

Si hay un saliente que tenga una ventana, una reja de hierro forjado, con formas redondas en su estructura, servirá para equilibrarlo. Otra idea que puede resultar atractiva es colocar en esa zona una silla rectangular, de respaldo muy alto, con una lámpara de acero inoxidable.

Las posibilidades son infinitas; cuanto mejor se conozcan las formas, colores y materiales relacionados con cada uno de los elementos y casas del Bagua, más y mejores serán las ideas que surjan a la hora de curar cualquier sector.

Como contrapeso, será necesario aumentar el poder del sector Lago, asociado con la diversión, el juego y la alegría.

El sector de Montaña excesivo puede provocar conflictos de pareja o dificultades de comunicación en la familia.

CAPÍTULO 7

El Feng Shui en las habitaciones

LOS LUGARES QUE HABITAMOS TIENEN UNA GRAN REPERCUSIÓN EN NUESTROS ESTADOS FÍSICO Y EMOCIONAL, PUES SON ESPACIOS DESTINADOS AL DESCANSO, LA REGENERACIÓN CELULAR DEL ORGANISMO, AL DESARROLLO DE LA VIDA ÍNTIMA Y FAMILIAR, A LA NUTRICIÓN, LA RELAJACIÓN Y EL ESPARCIMIENTO. ES POSIBLE QUE ALGUNAS DE ESTAS ACTIVIDADES NO SE REALICEN EN CASA, EN CUYO CASO SE DEBERÍA COMPROBAR QUE ESTO ES PRODUCTO DE UN DESEO Y VOLUNTAD PROPIOS Y NO DE CONDICIONAMIENTOS PRODUCIDOS POR EL ENTORNO.

LA casa en que vivimos, sea propia o alquilada, grande o pequeña, lujosa o modesta, jamás debe ser considerada como provisional. Los espacios deben tener el aspecto, la energía y la ubicación adecuados para lograr los objetivos que se planteen, para desarrollar todos los potenciales de las personas que los habiten, así como para lograr su satisfacción, salud y bienestar.

Para lograr estos propósitos, cada una de las estancias en las que se divida la vivienda o local deberá guardar una estrecha armonía con relación al Bagua de la casa. Como se ha explicado, la colocación de un baño en el lugar correspondiente a la fortuna, por ejemplo, traerá problemas económicos a los residentes.

El Bagua deberá ser aplicado a cada estancia para determinar,

▲ *El Chi entra por la puerta principal y se distribuye por toda la casa. Cuando choca contra el espejo, fluye con más fuerza. El espejo de un recibidor jamás debe estar frente a la puerta.*

sobre el plano de la habitación, cuáles son las diferentes zonas que contiene a fin de poner en ellas los objetos decorativos afines al elemento que deban representar.
El Feng Shui recomienda que las habitaciones se dispongan de modo que el Chi fluya con armonía y aporte equilibrio, y si cada sector del Bagua tiene el peso que merece, eso por sí solo modulará convenientemente gran parte de la energía que entre en la habitación.
Es importante que todas las estancias gocen de una buena iluminación pero que ésta no sea excesiva.
Cada lugar tiene su importancia porque potencia o deteriora una parte de nuestra vida; de ahí que cada punto de la casa tenga que ser analizado con detenimiento.

EL RECIBIDOR

El lugar por el que los residentes entran y salen de su hogar diariamente influye en la forma en que éstos abordan el mundo y la sociedad, así como también en las relaciones que se generan dentro de la familia.
El recibidor, la entrada, es la continuación de la bienvenida que ofrece la puerta y el Feng Shui afirma que la posición de una habitación, con respecto a la puerta de entrada, crea patrones de actividad que inducen a pasar más tiempo en la casa o fuera de ella, amén de incidir en la forma de pensar y en el estilo de vida de los residentes.
Un vestíbulo luminoso, expansivo, cálido y acogedor, hará que el Chi llegue

suavemente y que tanto residentes como invitados se sientan agradablemente acogidos en la vivienda.
Como este sector del Bagua, por la ubicación de la puerta de entrada, corresponde al sector Fuego, los tonos naranja y rojos son aptos para su decoración.

DETALLES A OBSERVAR

Es habitual ver espejos en los recibidores; son útiles porque las personas que salen a la calle pueden, antes de abrir la puerta, echarse una última mirada a ver si están convenientemente vestidas o peinadas.
Sin embargo, un espejo colocado en este lugar jamás deberá mirar hacia la puerta, ya que de ser así, el Chi abandonaría la casa nada más entrar.
Los recibidores que dejan ver varias habitaciones pueden provocar sensación de desorientación. En estos casos el Feng Shui recomienda destacar una de ellas, marcando un camino claro que lleve sin vacilaciones a la habitación deseada. Esto se puede lograr con el empleo de cortinas, biombos, esculturas, muebles, plantas, luces, etc. La idea es dirigir la atención hacia la habitación que se pretende separar de forma que, desde la entrada, las personas y el Chi que atraviesan la puerta se dirijan automáticamente hacia ella.
Lo más conveniente es que la primera habitación a la que se accede o que deja ver el recibidor sea el salón, porque las actividades que se desarrollan en él sugieren relajación, esparcimiento y relaciones familiares o sociales.
En el caso de que la primera habitación a la que se accede no fuera el vestíbulo, el salón o el cuarto de estar, la casa y los residentes estarán centrados en las actividades que marque la naturaleza de dicha estancia (dormir, comer, bañarse, trabajar, etc.).
Sin duda, son los vestíbulos, los cuartos de estar y, en su defecto, los estudios, las habitaciones más propicias para ubicar cerca de la entrada de la casa.

EL SALÓN

Por lo general este lugar es contiguo al vestíbulo. Es una estancia compartida por todos los residentes y abierta a las visitas. Por ser un lugar común, debe responder a las necesidades de todos los habitantes de la casa; todos, sin excepción, deben sentirse a gusto en él.
Según el Feng Shui, si el Chi no fluye armoniosamente en el salón, la convivencia de la familia se deteriora. Para que esto no ocurra, es necesario observar que los muebles no constituyan un obstáculo para el desplazamiento de la energía.
La calidez, la seguridad y el clima

El salón de una casa es muy importante porque es el lugar compartido por todos los habitantes de la misma. El Chi debe fluir armoniosamente en el salón para que la convivencia de la familia sea buena.

acogedor y distendido son esenciales para generar una atmósfera benéfica que refuerce los lazos afectivos entre los residentes.

Hay casas en las que el salón sólo es utilizado por algunos de sus moradores. Esto, desde luego, puede causar conflictos ya que el resto de los miembros pueden sentirse segregados. Para un experto en Feng Shui esta situación se pone de manifiesto inmediatamente: en las viviendas donde ocurre, se puede observar que en el salón hay un claro predominio de uno de los cinco elementos sobre el resto, o hay alguno excluido. Cuando esto ocurre, para mejorar la comunicación entre los miembros es necesario equilibrarlos y tener en cuenta en qué lugares del Bagua del salón conviene poner cada objeto.

COMODIDAD, ANTE TODO

Los muebles deberán ser confortables y resistentes, sobre todo si hay niños en la casa. Siempre es preferible poner una funda al sofá que limitar su uso: la presencia de todo mueble cuya utilización se impida a los moradores, salvo casos excepcionales, provocará tensiones e impedirá la relajación y el bienestar de toda la familia.

▲ *Es preferible que los asientos no estén enfrentados para que las personas que los ocupan no se sientan molestas. Además, en este caso es preferible no interrumpir el paso del Chi a través de la chimenea.*

En el salón hay que saber combinar equilibradamente la estética con la practicidad. Por una parte, como es el lugar donde se reciben las visitas, deberá ser agradable y causar buena impresión; pero como también será el sitio de reunión familiar, debe ser capaz de soportar la presencia de niños sin que corra el riesgo de deteriorarse rápidamente. Un salón que tenga mesas bajas con miniaturas, porcelanas u objetos frágiles, o que esté decorado con tapicerías muy claras en base a telas que no se puedan lavar, por muy elegante que sea, tiene el inconveniente de no ser apto para los más pequeños.

Es preciso recordar que la presencia de amplios ventanales, atrae la atención hacia el exterior y disipa la presencia del Chi. Las ventanas deben ser, también, adecuadas a las dimensiones de la habitación en que se encuentren. El tamaño de los muebles, igualmente, debe ser proporcional al del salón. Estos deben ser colocados de manera que inviten a la conversación, que creen un clima agradable tanto

para los residentes como para los visitantes.
La disposición del sofá, los sillones y las mesas puede facilitar y promover la comunicación o, por el contrario, provocar discordia, tensiones y fricciones entre los congregados. Cuando dos personas se sientan cara a cara, el enfrentamiento directo de sus campos energéticos personales puede causarles una sensación de alerta, tensión, intranquilidad o cerrazón, ya que la proximidad se vive a menudo como amenaza y surge la necesidad de poner barreras para no ser invadido por la energía ajena. Esto se pone de manifiesto si se colocan dos asientos enfrentados; es muy probable que quienes los ocupen den muestras de inquietud o malestar. Para evitar estas molestas sensaciones y lograr un clima más abierto y distendido, bastará poner en medio de ambos una mesa u otro objeto que actúe de mediador (lo mejor es que tenga forma curva).
Para fomentar la confianza es preciso que ningún asiento esté de espaldas a una puerta, a una arcada o a una ventana. La posición de sillones de dos o más cuerpos en forma de «L» también está desaconsejada por el Feng Shui; más que nada por un problema de visibilidad.
En el salón, una luz cenital intensa puede resultar agobiante y poco acogedora. El Feng Shui recomienda poner en esta habitación lámparas de pie enfocadas al techo, lámparas de mesa y focos de luz direccionales a fin de crear una iluminación relajante, agradable, con la que se puedan generar diferentes atmósferas en distintos momentos.
Es recomendable ocultar, en la medida de lo posible, los equipos electrónicos, y en especial el televisor, mientras no se estén utilizando. Lo adecuado es disponer estos electrodomésticos en armarios con puertas corredizas.
Un elemento que da calidez a todo salón es una chimenea; sin embargo, hay que tener cuidado con ellas porque pueden

Sentirse bien con uno mismo y con el entorno es una de las máximas del Feng Shui.

sobrecargar el elemento fuego. Para que esto no suceda, el Feng Shui recomienda poner en su proximidad elementos de agua (objetos de líneas onduladas, tonos azules, recipientes con conchillas u otros elementos marinos, etc.). Con éstos también se podrá evitar que el Chi se precipite por el tiro. Otra medida que habrá que tomar para evitar esas fugas es tapar el hueco en los meses en que no se utilice. Puede ser con una planta, una tapa en el comienzo del tiro o alguna pantalla delante.

Es perjudicial la colocación de una chimenea en el centro de la casa o de cualquier habitación pues perturba la circulación del Chi. Se considera que es una flecha clavada en el corazón de la estancia que puede acarrear problemas en la salud de los residentes.

Las chimeneas obligan a revisar el rincón del elemento fuego en el salón y en el resto de la casa para constatar que su presencia no sea excesiva.

EL COMEDOR

En la cultura china, tanto el lugar donde se preparan los alimentos como el lugar donde se consumen simbolizan la abundancia, la prosperidad y la riqueza. Para atraerla, el Feng Shui recomienda utilizar espejos en esta estancia a fin de darle mayor amplitud. Esto debe hacerse

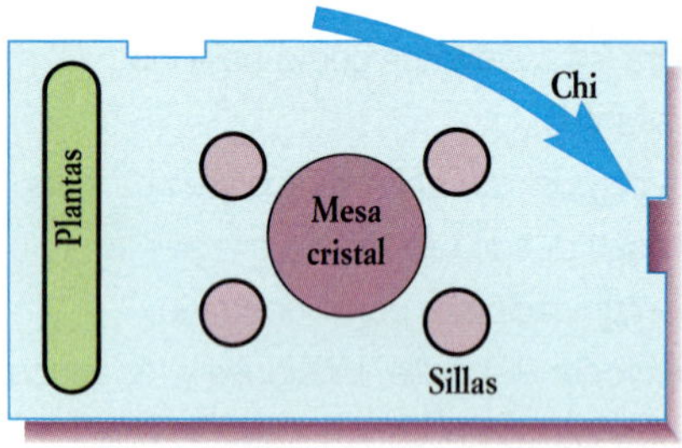

teniendo cuidado de no excederse ya que podrían imprimir demasiada fuerza al Chi y despertar la ansiedad en los comensales.

Para garantizar una buena digestión de los nutrientes, es necesario que el acto de comer se desarrolle en un estado de relajación, sin tensiones ni preocupaciones; por ello, en el comedor se debe crear la máxima armonía a fin de que las malas vibraciones no repercutan en la salud y en la prosperidad de quienes se sientan diariamente a la mesa.

Para los orientales la comida no sólo nutre el cuerpo sino también el espíritu; de ahí la gran importancia que adquieren en esta cultura tanto los alimentos como la forma de prepararlos y de comerlos.

Como esta parte de la casa es también un lugar de reunión, su equilibrio repercutirá en el bienestar general de todos sus habitantes. Dada su importancia, se recomienda que esta estancia nunca esté en un nivel inferior al de la cocina o del salón. Si una vivienda

▲ *Para el Feng Shui el comedor es la única habitación en la que puede haber dos entradas. En la cultura china las cocinas y comedores simbolizan la abundancia, la prosperidad y la riqueza.*

tuviera este inconveniente, es menester practicar una cura de luz a fin de elevarlo. La ubicación ideal del lugar donde se come es en un sitio próximo a la cocina. Si el comedor no es una habitación completa sino parte de otra, por ejemplo del salón, es necesario delimitar ambas zonas de la forma más clara posible. Esto puede hacerse mediante biombos, alfombras, con el uso de una tarima de madera que lo eleve, separando ambas superficies con un acuario, con plantas, etc.
El comedor es la única habitación donde el Feng Shui acepta dos entradas. Tienen la ventaja de permitir que el Chi entre con facilidad y, antes de salir, recorra la estancia. Si sólo hubiera una puerta, la mesa deberá ubicarse en un punto alejado de ella para que el flujo de energía entrante no perturbe a ningún comensal.

EL BIENESTAR ES SALUD

La atmósfera del comedor debe facilitar que los residentes puedan dedicar el tiempo necesario para comer sentados, despacio y conscientes de ello. De esta forma podrán obtener la vitalidad, la energía y el placer que puedan reportarles los alimentos.
El diseño del comedor debe ser alegre, agradable y sereno. Una buena iluminación favorecerá la digestión y las buenas relaciones en torno a la mesa.
Si los miembros de una familia o de una convivencia se encuentran a gusto durante las comidas, no sólo compartirán los alimentos sino también el intercambio

de ideas en la sobremesa. Con ello se reforzarán sus vínculos. Es una buena idea emplear reguladores de luz a fin de crear la atmósfera precisa en cada ocasión: para leer el periódico tras el desayuno, para tener una tertulia después del café, para disfrutar de una agradable conversación durante la merienda o una romántica velada mientras se cena.

Como las imágenes y objetos del entorno pueden afectar el acto de comer, es necesario evitar en este lugar todo aquello que provoque estados de ánimo negativos, agresivos, pesimistas, depresivos, que preocupen o que quiten el apetito.

El Feng Shui aconseja prestar atención a las texturas, los colores, los sonidos, los objetos y las imágenes que haya en la mesa. También a las vistas que se obtienen desde las distintas posiciones que puede ocupar cada comensal. Obviamente, éstas deben ser agradables y relajantes.

Pero, indiscutiblemente, el elemento principal en todo comedor es la mesa. Las que tienen formas redondas u ovaladas favorecen el dinamismo, la conversación y la actividad; por el contrario, las cuadradas y rectangulares fomentan el sosiego.

En cuanto al material con el cual se hayan fabricado, la madera es, indudablemente, más cálida que el metal y el cristal. Estos últimos, más fríos, proponen una mayor actividad y una actitud más frívola o más distante.

La ergonomía también desempeña una función importante en el comedor. Los muebles deben adaptarse a las necesidades físico-estructurales del cuerpo y resultar cómodos, funcionales, seguros y agradables. Las sillas deben ser estables, capaces de soportar el peso de los residentes o de posibles invitados. Es preferible que cuenten con respaldo ya que eso garantizará que se pueda permanecer largo tiempo sentado en ellas

Para atraer la buena suerte, el Feng Shui recomienda que el número de asientos alrededor de la mesa sea par, aunque uno quede vacío, pues los números impares representan la soledad.

Para los muebles del comedor también están vigentes las reglas que proponen formas redondeadas, sin aristas rectas ni esquinas puntiagudas. Su tamaño y número de elementos deberá estar de acuerdo con las dimensiones de la estancia y con el número de comensales. Al respecto son útiles las mesas plegables y extensible. Para transformar una mesa excesivamente grande, que resulta fría y desangelada, se recomienda compartimentarla, darle la medida óptima en función del número de comensales.

Los adornos florales favorecen el Chi positivo en las cocinas.

Para conseguirlo se centrará la iluminación en la zona donde se ponga el mantel y la vajilla y se completará la otra zona con un arreglo floral, una cesta de frutas del tiempo, una bandeja de dulces, un conjunto de velas, objetos cerámicos o de cestería o cualquier otro elemento ajeno a la comida que se celebre.

Los colores de las tapicerías del comedor no deben ser estridentes; en esta estancia la atención se debe centrar, básicamente, en la comida y en los comensales y unos colores muy vivos distraerían la atención.

Para analizar cada sector del comedor, habrá que superponer el Bagua sobre su plano, haciendo coincidir el sector trueno sobre su puerta principal.

LA COCINA

El Feng Shui de una cocina repercute en la calidad de la comida que en ella se produce. Los estados de ánimo, los sentimientos y actitudes de la persona que cocina afectan a los alimentos que prepara; de modo que si las comidas están elaboradas con amor, éste se transmite a los alimentos y se convierte en una bendición. Esto quiere decir que es muy importante que el cocinero se sienta bien a la hora de hacer su trabajo, que su entorno sea armonioso para que las emociones que nos transmita a través de los platos que prepare sean positivas.

El buen Feng Shui de la cocina afecta a la buena marcha de toda la casa.

La comida, en China, se relaciona directamente con la riqueza: una situación próspera permite la adquisición de carnes frescas, variadas y de buena calidad, que resultarán nutritivas, podrán mejorar la salud y, por tanto, las posibilidades de generar más riqueza. Por el contrario, la falta de recursos económicos impedirá la adquisición de los mejores alimentos con lo cual la salud se deteriorará y, con ella, las posibilidades de prosperar. Siguiendo este pensamiento, en China se considera que un frigorífico y una despensa bien nutridos simbolizan la riqueza familiar.

UN LABORATORIO EQUILIBRADO

La cocina combina el arte con la ciencia. A la hora de preparar un plato, un buen cocinero tiene en cuenta la temperatura a la que cocerá los alimentos, las proporciones que utilizará para las mezclas, su tiempo de exposición al frío o el calor, etc. Con su saber puede preparar exquisitas emulsiones como la mayonesa, cristalizar ingredientes como el azúcar para hacer caramelo, crear el medio idóneo para que las levaduras, fermentos biológicos, se reproduzcan dando volumen al pan o las tortas, regular la acidez correcta de los alimentos, etc. Es el trabajo de un químico. Pero también deberá realizar un trabajo artístico que consiste en combinar formas, colores y texturas para que sus platos sean estéticos y resulten apetecibles. Es, sin duda, una actividad compleja que sólo se puede desarrollar plenamente en un ambiente equilibrado, que tenga buenas energías. Por ello es esencial que el Chi circule libre y moduladamente en toda la cocina y para ello, el lugar debe ser espacioso y estar bien iluminado. Para analizar la cocina con el Bagua, habrá que hacer coincidir la entrada, el elemento fuego, no con su puerta sino

Las cocinas tienen que transmitir armonía a la persona que trabaja en ella, porque su estado de ánimo afecta a los alimentos.

La posición 1 es la cocina conveniente ya que esta colocación permite la máxima libertad de movimientos al cocinero.

En la posición 2 la cocina está alineada con la puerta e interfiere directamente en el Chi que entre por ella.

con el horno y los fogones. El emplazamiento de éstos es fundamental ya que en ellos se trabaja con fuego y eso podría dar lugar a dramáticos accidentes.

Deben ponerse en una zona tranquila, alejada de la puerta y la ventana, pero desde la que se domine visualmente la entrada. Si el cocinero quedara de espaldas a la puerta, podría sobresaltarse ante la entrada de una persona y, con ello, su trabajo correría el riesgo de estropearse. La cura que recomienda el Feng Shui para las cocinas cuyos fogones estén enfrentados a una puerta o ventana es poner encima de ellos un espejo que refleje a todo el que entre o se asome. Si los fogones están en un rincón, allí se provocará un estancamiento del Chi; lo mejor, en estos casos, es ampliar ese lugar por medio de espejos o colocar armonizadores que eleven la energía. Estas son las cuatro posibles posiciones de la cocina:

- POSICIÓN 1. Es la más conveniente ya

La posición 3 es desequilibrada porque el cocinero se quedará de espaldas a la entrada mientras trabaja.

que esta colocación permite la máxima libertad de movimientos al cocinero.

- POSICIÓN 2. La cocina está alineada con la puerta e interfiere directamente en el Chi que entre por ella. Esta posición se puede corregir poniendo una bola facetada o un bailarín de viento entre la puerta y la cocina a fin de que module la energía.
- POSICIÓN 3. Es desafortunada ya que el cocinero queda de espaldas a la puerta de entrada. Se equilibra fácilmente poniendo un espejo sobre los fogones, a la altura de la vista.
- POSICIÓN 4. Es doblemente nociva: el cocinero debe estar de espaldas a la puerta y, además, en un rincón. También conviene equilibrarla con espejos que, además de reflejar la entrada, darán amplitud a esa esquina.

Los fogones junto a la puerta son un peligro y con ellos se corre el riesgo de que toda la casa se llene de olor a comida. El espacio circundante al lugar donde

La posición 4 es doblemente nociva: el cocinero debe estar de espaldas a la puerta y, además, en un rincón.

estén el horno y los fuegos debe ser despejado y limpio para evitar que cualquier chispa que salte provoque un incendio.
Así como el Chi afecta a las plantas, a las personas y a los muebles, también lo hace con los alimentos. Si la energía que fluye en la cocina es sana, modulada y nutritiva, los platos que allí se preparen serán energéticos y saludables. En caso contrario, serán menos sabrosos y nunca tan nutritivos. Como es una estancia activa, deberá tener una buena iluminación. Se recomienda tirar todo objeto deteriorado o roto para que no afecte a la energía del lugar, así como los alimentos caducados. El Feng Shui dice que desprenderse de lo viejo abre oportunidades a lo que está por venir. Es importante cuidar que los armarios, mesa y cualquier otro objeto que se encuentre en la cocina no produzca flechas envenenadas que afecten la energía del lugar. Lo mejor es que la mesa y todos los muebles tengan los cantos redondeados. La rectitud de las estanterías se puede solucionar colocando volantes que, además, alegren el lugar. En muchas cocinas, los fogones son contiguos al fregadero; ésta es una posición inconveniente ya que el fuego y el agua son elementos que no conviene poner juntos. Lo mejor es separarlos introduciendo entre ambos algún objeto metálico o de madera.
Las plantas no sólo alegran la cocina sino, además, amortiguan los ruidos, palian los campos electromagnéticos y modulan el Chi.

EL ORDEN EN LA COCINA

La higiene, en este lugar, es fundamental, ya que su falta podría acarrear graves problemas de salud en los residentes.
Si se toma el Bagua como punto de partida, se puede organizar la cocina con la máxima eficacia. Partiendo del sector Fuego, que se colocará sobre el fogón y no sobre la entrada como se hace en el plano general de la casa, es posible encontrar el lugar más adecuado para todo tipo de objetos. Los cubiertos, ollas y cualquier otro elemento metálico, en las zonas Lago y Cielo (ambas metal); las tablas de picar, las cucharas de madera que se usan para guisar, las especies, en los sectores Viento y Trueno, que son los más afines. Donde mejor estaría el fregadero es en el sector Agua. La mesa,

si se usa para comer o desayunar, se podría situar en el sector Tierra o en el sector Montaña, ya que ambos son tierra y ésta se relaciona con la nutrición. Otro tanto puede decirse con respecto a la nevera.

Si los muebles fueran de acero inoxidable o de madera, habría que compensar estos elementos para que no predominaran sobre los demás. Los cuadros, siempre alejados del fogón, podrían ser útiles para ello.

Es necesario evitar el predominio del rojo y del naranja ya que con ellos se exaltaría excesivamente el fuego y eso podría resultar peligroso. Al respecto, cabe recordar que la tierra y el agua sirven para atenuarlo, de modo que un suelo de gres, los objetos de terracota, las vajillas y cristalerías así como la presencia de frascos con diferentes elementos líquidos (por ejemplo aceites y vinagres con hierbas aromáticas en maceración) serían aptos para equilibrarlo.

EL CUARTO DE BAÑO

Como se ha visto a lo largo del libro, los chinos consideran el cuarto de baño como la habitación menos beneficiosa de la casa. Allí, debido al vapor desprendido por la ducha, se produce un exceso de humedad, una sobrecarga Yin que puede alterar la energía de toda la vivienda.

Occidente no tiene la misma visión acerca de los cuartos de baño. Más aún: incluso es posible considerar que es el único sitio de la casa en la que los moradores pueden gozar de una absoluta y auténtica intimidad. Por esta razón, y por las funciones de excreción e higiene que en él se cumplen, merece la mayor atención.

Se desaconseja que, en las casas de dos plantas, los baños, y sobre todo inodoros, se sitúen sobre la puerta principal o en la pared frontal. Ya se ha dicho, también, que no es conveniente que estén junto a ésta.

El primer cuidado que debe ponerse a la hora de instalar un cuarto de baño es el emplazamiento del inodoro ya que en

El Chi no afecta sólo a las personas y a las plantas, sino también a los alimentos.

China se cree que el dinero se va por su desagüe.

En este sentido, se desaconseja colocarlo justo enfrente de la entrada o pegado a ella porque rompería el clima de intimidad y confianza necesarios para su uso. Si estuviera colocado en esta situación, la solución más simple es cambiar las bisagras de la puerta de entrada a fin de que, cuando se abra, la hoja oculte la taza. Otra posibilidad es levantar una pequeña mampara, o poner un biombo o cortina de cuentas entre el inodoro y la puerta.

La mejor ubicación para un inodoro es aquella en la que, aunque alguien abriera la puerta, no tuviera un acceso visual directo con él. Es muy importante que mientras no se use permanezca con la tapa bajada.

Ahora vamos a analizar las tres distribuciones diferentes que puede tener un cuarto de baño:

- FIGURA 1. La posición del inodoro es favorable, pero sería más recomendable que la bañera no estuviera alineada con la puerta.
- FIGURA 2. La posición del inodoro frente a la puerta es la más desaconsejable. Con respecto a la bañera, sería mejor colocarla en el lugar en el que están los lavabos o poner una cortina de cuentas entre ésta y la puerta.
- FIGURA 3. Sería una buena colocación de inodoro y bañera pero si la puerta se abriera en sentido contrario. En este caso, se recomienda cambiar las bisagras.

El centro del cuarto de baño debe estar despejado y los muebles y sanitarios, deben ser acordes al tamaño de la estancia. Si la habitación fuera excesivamente pequeña, es recomendable poner espejos en sus cuatro paredes para dar una sensación de mayor amplitud. Si fuera excesivamente grande, la exagerada amplitud podría paliarse con el uso de cortinas con mucho cuerpo en la bañera (una sobrecortina de tela con volantes, por ejemplo), con muebles grandes, con plantas voluminosas junto a una o más paredes de modo que recorten el espacio central y con cualquier tipo de elemento que llene el ambiente sin entorpecer el movimiento del Chi y de las personas que lo usen. Al respecto cabe decir que también en el cuarto de baño se desaconsejan muebles con bordes rectos y afilados, puntas y elementos que puedan generar flechas nocivas. En esta parte de la casa la ventilación es esencial. Son útiles las ventanas con montantes, ya que se pueden dejar semiabiertos a fin de airear el lugar mientras la ventana permanece cerrada manteniendo la intimidad.

▲ *La fuerte presencia de metal provocada por el color blanco está equilibrada por los tonos naranja del elemento tierra, negro de agua, rojo de fuego y verde de la madera.*

Lo ideal es que cuando se abra la puerta de un cuarto de baño, el inodoro no esté en el campo visual de la persona que ha entrado en él.

También, con una cortina separada de la ventana, se podrá abrir ésta sin que la persona que ocupa el baño se vea expuesta a miradas ajenas.
Otro elemento a tener en cuenta es la luz. El cuarto de baño suele ser la habitación que se utiliza para el cuidado del cuerpo. Por un lado, contiene la bañera que usan los residentes para su higiene; por otro, es el sitio donde se aplican cremas y aceites, en el cual se peinan, afeitan y maquillan, etc. Por esta razón es importante que la luz permita la mejor visibilidad posible, sobre todo en el espejo que habitualmente se coloca sobre el lavabo.

PARA PROPICIAR EL CHI POSITIVO

El Feng Shui considera que las cañerías drenan la energía vital y los recursos de la vivienda. De hecho, tanto éstas como los desagües no tienen muy buenas vibraciones: pueden imantarse, conducir la electricidad, convertirse en portadoras de gas radón, filtrar la humedad, generar hongos y gérmenes, producir malos olores, etc. Se recomienda contrarrestar los efectos del drenaje tapando los desagües de los lavabos, bañeras, bidé, ducha o inodoro. Con respecto a este último, el Feng Shui aconseja no tirar de la cadena si su tapa está levantada, para no provocar la pérdida del Chi y de la buena suerte. Mantener los desagües tapados también evita la aparición de cucarachas y otros insectos.
Para impedir el drenaje de energía debe mantenerse siempre cerrada la puerta del cuarto de baño.
La pintura y alicatado deben estar impecables ya que su deterioro ayuda a la proliferación de hongos, atrae bichos y deteriora el Chi.

La luz y la visibilidad son importantes en el cuarto de baño. Por otra parte, el Feng Shui dice que la tapa del inodoro debe estar cerrada mientras éste no se usa.

DISTRIBUCIONES DEL CUARTO DE BAÑO

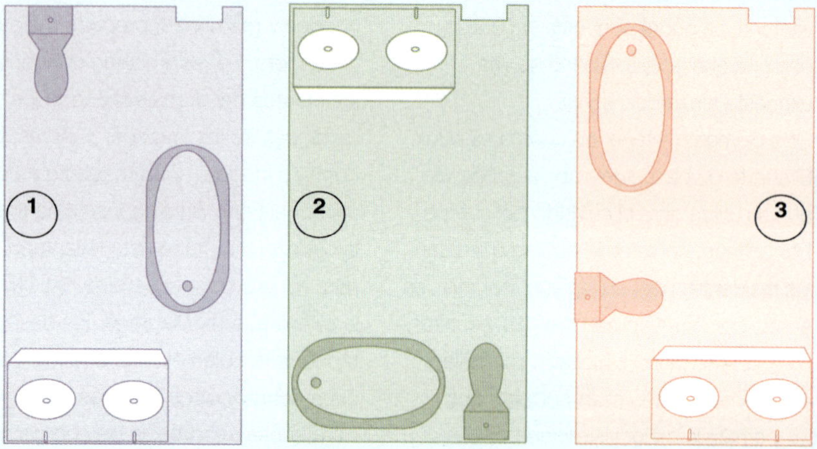

Aunque existen tantas distribuciones como cuartos de baño hay, aquí vamos a analizar tres de ellas:

1. A pesar de que en este cuarto de baño la posición del inodoro se considera favorable, sería preferible que la bañera y la puerta no estuvieran alineadas.

2. En un cuarto de baño no existe nada más desaconsejable que el inodoro esté frente a la puerta.

3. La ubicación de la bañera y el inodoro respecto a la puerta son favorables.

La abundante presencia de agua en esta habitación, crea un exceso de energíaYin que debe ser equilibrado con elementos Yang. Conviene tener en cuenta qué texturas, materiales y colores se corresponden con una u otra energía (ver tabla).

Utilizando esta tabla se podrán, en ésta u otra habitación, compensar las energías de forma adecuada. La introducción de los elementos madera y tierra equilibrarán también el exceso de agua. Para ello, se pueden introducir sanitarios de tonos amarillos o tierra, color teja o verde oscuro, a juego con las cortinas y toallas. Las plantas y el suelo de cerámica, gres o corcho, también sirven a este propósito.

Con los conocimientos de Feng Shui adquiridos y una atenta observación de esta habitación, no será ningún problema conseguir en ella una energía positiva que beneficie a todos los moradores.

Como última recomendación en este

apartado, cabe decir que siempre debe abrirse la ventana después de tomar una ducha o un baño a fin de que el vapor no se quede condensado en el cuarto de baño; eso generaría manchas de humedad y proliferación de hongos.

LOS DORMITORIOS

Si consideramos que, por término medio, un ser humano pasa las tres cuartas partes de su vida durmiendo, se comprenderá que el dormitorio sea para el Feng Shui la habitación más importante de la casa. La salud, el estado de ánimo, las posibilidades de éxito laboral, familiar y social dependen, en gran medida, de un buen descanso.

Para propiciar la relajación es recomendable que el dormitorio tenga una decoración mínima; la proliferación de elementos atractivos para la vista o el oído despertará un estado de alerta y atención que no son aptos para inducir al sueño.

Pero también es cierto que el dormitorio es la habitación donde, habitualmente, tienen lugar los encuentros sexuales, de modo que habrá que prestar atención a ello a fin de crear en él un clima y una energía que las favorezca.

La presencia de elementos ajenos a estas dos actividades, como son los ordenadores, las mesas de trabajo, los aparatos de televisión o de gimnasia, perturban el ambiente.

Si la habitación es lo suficientemente amplia, se pueden definir las distintas áreas con alfombras y muebles. También se recomienda impedir la interferencia que se genera entre la actividad y el reposo con la colocación de pantallas visuales como las cortinas o biombos. Si esto tampoco fuera factible, se recomienda cubrir y tapar los objetos que perturban la atmósfera de descanso, toda vez que no se estén utilizando, de forma que no puedan verse desde la cama.

Es importante que no se dejen encendidos los equipos que produzcan

ELEMENTOS DE UN DORMITORIO

Yin	Yang
Blando	Duro
Curvo	Recto
Estampado	Liso
Horizontal	Vertical
Iluminación tenue	Iluminación brillante
Motivos florales	Motivos geométricos
Opaco	Brillante
Pequeño	Grande
Pesado	Ligero
Suave	Áspero
Poroso	Sólido
Redondeado	Anguloso
Verde	Rojo
Vacío	Lleno

Los maestros del Feng Shui dicen que un dormitorio debe tener una decoración mínima para lograr la relajación y el descanso necesarios.

vibraciones o que generen campos magnéticos o eléctricos en el entorno (un ordenador, el televisor, etc.). En este sentido cabe decir que es más sano un despertador mecánico, de cuerda, que uno a pilas o eléctrico.

Los dormitorios desordenados, llenos de cajas, bolsas, juguetes, muebles, papeles o libros bloquean la circulación del Chi, provocan su estancamiento y pueden generar nerviosismo y perturbar el sueño. Cualquier espacio o mueble desordenado crea desarmonía.

Los muebles deben crear una atmósfera de relax y comodidad. Deben ser confortables y agradables a la vista y al tacto.

Los expertos en Feng Shui opinan que la circulación del Chi se ve afectada también por el contenido de armarios y cajones, de modo que es importante que siempre estén ordenados.

Es conveniente revisar el contenido de las cajoneras, las coquetas, los baúles, las cómodas, etc., para que al abrirlos no provoquen confusión, ni se encuentren atestados de cosas que no se usan. Las imágenes de barullo impactan en la mente y provocan reacciones emocionales adversas.

Es conveniente guardar la ropa en uso en un lugar diferente que la de la estación anterior; eso evitará una pérdida de tiempo a la hora de escoger

diariamente las prendas que se van a vestir.
En el dormitorio no puede haber objetos que traigan malos recuerdos, que inviten a la nostalgia y la melancolía, que tengan una carga afectiva negativa ya que perturbarían el descanso y la atmósfera equilibrada de la habitación. El Feng Shui enfatiza la necesidad de retirar lo viejo para dejar sitio a lo nuevo porque eso fomenta la aparición de mejores oportunidades.

UN LUGAR PARA LA INTIMIDAD Y EL REFUGIO

El dormitorio es la habitación más personal de cada residente. Es el refugio más íntimo, el lugar más propio y el que más debe responder a sus gustos. Debe ser tratado con la misma consideración que se dispensaría a un santuario.
Su permanencia en él debe provocar a su dueño sentimientos positivos, de paz, seguridad y tranquilidad que le permitan desconectar de los problemas cotidianos a fin de entregarse al sueño o al amor.
Se ha comentado la necesidad de evitar aparatos eléctricos en el lugar destinado al descanso y es necesario aclarar que en ellos están incluidos también los teléfonos.
El lugar más recomendable para instalar un dormitorio es el fondo de la casa, lejos de la entrada principal y retirado de las zonas de máxima actividad de la vivienda.
En las casas, es preferible colocar esta habitación sobre suelo firme. Los dormitorios que están sobre sótanos o garajes no tienen muy buenas vibraciones porque su suelo no puede ser considerado estable. Los que están sobre garajes, aun cuando sean particulares, a menudo soportan la entrada de gases tóxicos que se acumulan con la entrada y salida de vehículos. También hay que recordar que en estos lugares, por lo general, se guardan productos inflamables que podrían poner en peligro la vida de quienes estuvieran durmiendo sobre él.
En caso de que el dormitorio estuviera

Las zonas de trabajo tienen que estar perfectamente diferenciadas de las de descanso.

colocado en una planta superior, tampoco es adecuado que esté sobre la cocina porque las vibraciones de la nevera, lavadora, lavavajillas o congelador desequilibrarían su atmósfera.
Los dormitorios próximos a los cuartos de baño o a las cocinas presentan problemas a los durmientes debido a que las cañerías y los desagües también generan vibraciones que resultan nocivas para el descanso.

Por la misma razón, tampoco es recomendable tener un cuarto de baño dentro de la habitación. En caso de que lo hubiera, debe mantenerse siempre la puerta cerrada y no poner la cama en la pared que limite con éste.
Es necesario analizar la forma de cada dormitorio a fin de colocar los muebles de la manera más conveniente. Si tuviera forma de «L», la cama deberá ponerse en el mango del cuchillo (es decir, en el rectángulo más largo). Al contrario de lo que se ha indicado como cura para esta forma de construcción, en el dormitorio no se deberán poner espejos para corregirla ya que podrían alterar el sueño. Lo más adecuado es crear dos espacios independientes, separados por una cortina o un biombo.
El que no contenga la cama será el lugar ideal para poner los aparatos y elementos desaconsejados en el lugar de descanso
Debido a que la combustión reduce la cantidad de oxígeno, se desaconseja en ellos el uso de chimeneas. Por otra parte, la presencia del fuego altera el clima pasivo que necesitan estas habitaciones.
Los espejos, como se ha dicho, activan el Chi; por esta razón no debiera haber ninguno en el dormitorio. Si esto no pudiera evitarse, es necesario colocarlos de modo que no puedan ser vistos desde la cama.

▲ *El Feng Shui considera que el dormitorio es la habitación más importante de la casa y en ella debemos lograr un agradable y buen estado de ánimo.*

LA COLOCACIÓN DE LA CAMA

La cama es, obviamente, el mueble más importante. Su ubicación es fundamental ya que no sólo es el lugar donde reponemos fuerzas sino, además, el lugar en el cual somos más vulnerables. Deberá estar emplazada de forma que nos haga sentir, ante todo, seguros y confiados para poder entregarnos al sueño.

La escuela de los Gorros Negros afirma que el esfuerzo principal es buscar para el dormitorio un lugar favorable y para la cama una posición segura; considera que su orientación magnética tiene, en todo caso, una importancia secundaria. Otras escuelas no opinan lo mismo pero la filosofía de los Gorros Negros se adecua mejor a la cultura occidental.
Lo ideal es que la cama tenga una

▲ *En el dormitorio no se deben poner espejos para corregir una mala construcción, ya que pueden alterar el sueño de la persona que duerme en él.*

orientación desde la cual se pueda controlar la puerta de entrada. La peor, tal vez, es aquella en la que el durmiente da la espalda a la puerta porque de este modo se aumenta su vulnerabilidad y se propicia un estado de alerta que podría acarrear insomnio.

También debe rechazarse cualquier posición en la que la cama quede directamente frente a la puerta, con los pies mirando hacia ella. Por un lado, porque el durmiente quedaría expuesto a la entrada del Chi y, por otra, porque dormir con los pies en línea recta con una puerta hace referencia a la muerte. En castellano, la expresión «con los pies por delante» se refiere, precisamente, a esta posición. Si este problema no se pudiera solucionar cambiando la cama de lugar, la cura consiste en colgar una bola facetada o un bailarín de viento entre los pies de la cama y la puerta. Las camas que se encuentran entre puerta y ventana también pueden tener efectos negativos sobre la salud del durmiente que se encontraría, en este caso, en medio de la corriente de Chi. Esta posición requeriría una cura que suavizara la energía que sale por la ventana.

Lo que proporciona la mayor sensación de seguridad es dormir con el cabecero de la cama apoyado en una pared. Éstas ofrecen la protección de la tortuga (que en un paisaje estaría representada por la montraña). Sin embargo, el Feng Shui recomienda usar siempre camas con

LA COLOCACIÓN DE LA CAMA

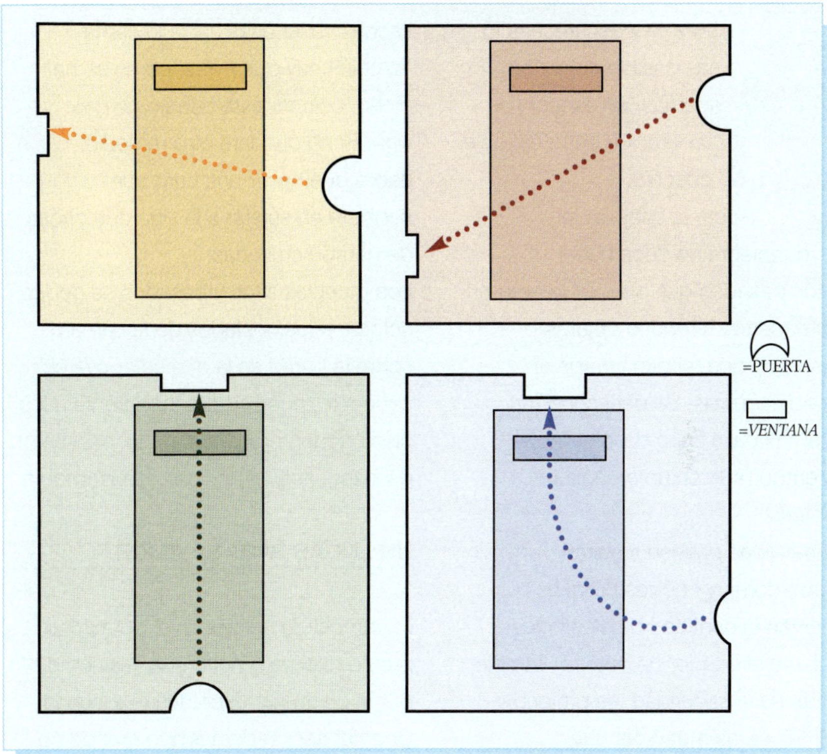

Las dos habitaciones de arriba son más favorables que las de abajo. La de color verde es nefasta porque los pies no deben «mirar» directamente a la puerta. Y la azul no es buena porque no conviene tener la cabeza debajo de la ventana.

cabecero, ya que su ausencia puede producir inestabilidad y sensación de ingravidez. Además, es necesario recordar que por las paredes suelen pasar cables eléctricos y cañerías que pudieran perturbar el sueño. Si la cama careciera de cabecero, éste puede reemplazarse con una tela o con un panel de madera o corcho que actúen como aislantes. Dormir directamente sobre el suelo no es bueno; lo ideal es hacerlo sobre a una distancia de unos 45 centímetros. Las camas situadas debajo de una ventana se encuentran en una posición débil, pues la protección de la montaña resulta frágil y el durmiente podría ser perturbado por la entrada de luz, sonido, humedad y corrientes de aire. Si no hubiera más remedio que colocarla en esta posición, el Feng Shui aconseja dormir con ella

cerrada y oscurecerla lo más posible dejando, además, un espacio de separación entre ésta y el cbecero.

Sobre la cabeza del durmiente no debe haber objetos pesados que puedan caerse o desprenderse; tampoco objetos agresivos o que tengan cantos en punta o esquinas. Se desaconsejan las camas cuya zona de la cabeza está empotrada en un mueble o estantería.

Las metálicas pueden resultar perturbadoras y nocivas porque aumentan la cantidad de electricidad circulante alrededor de cuerpo. También, en aras de la seguridad, es preferible evitar las patas metálicas que sobresalgan, los relieves afilados o las decoraciones puntiagudas.

Es esencial dejar un espacio a ambos lados y debajo de la cama para que el Chi pueda fluir. En este sentido, guardar trastos debajo de la cama es una práctica contraproducente que provoca su estancamiento, el cual, sin duda, afectará de diferentes modos a la persona que duerma en ella.

Hay que observar atentamente los muebles del dormitorio a fin de comprobar que ninguno de ellos envíe flechas venenosas hacia la cama. También hay que evitar, como se ha dicho, colocar ésta debajo de una viga. Si no quedara otro remedio, habrá que hacer una cura que consiste en sujetar a la viga dos cañas de bambú cruzadas.

Los muebles altos y pesados se deben colocar a los costados de la cama o sobre la pared en la que se apoya el cabecero, pues si se ponen frente a los pies pueden producir agobio, sensación de inseguridad e, incluso, claustrofobia.

UN LUGAR PARA EL AMOR

La atmósfera creada en el dormitorio puede reforzar y nutrir una relación o, por el contrario, debilitarla o apagarla. Una habitación demasiado grande no resulta íntima por ello el Feng Shui recomienda, en estos casos, crear distintos espacios con atmósferas bien diferenciadas que permitan el restablecimiento de la intimidad.

Las formas, colores, texturas, objetos e imágenes son las que contribuirán a crear en el dormitorio el clima de sensualidad que más propicie el encuentro. Es necesario estudiar con cuidado la colocación de figuras religiosas ya que la visión directa de éstas podría inhibir la libido. Otro tanto puede decirse de toda imagen que, por

▲ *Esta cama está bien colocada contra la pared, pero, por otra parte, recibe una influencia negativa de la viga que hay sobre ella en el techo. Se puede evitar este efecto negativo sujetando a la viga dos cañas de bambú cruzadas.*

los recuerdos que despierte, suscite la melancolía o la represión de los instintos.

El Feng Shui cree que la presencia de fotografías con imágenes solitarias o de objetos que representen la unicidad no son positivas en un dormitorio ya que, en caso de que no se tenga pareja, éstas podrían retrasar la posibilidad de un nuevo romance. Lo más adecuado es poner en él imágenes de la pareja que lo ocupa, de su boda, de un viaje feliz y, en general, de momentos agradables que se hayan vivido en compañía.

Obviamente, y por motivos lógicos, queda descartada la presencia de fotos de antiguas relaciones.

EL DORMITORIO DE NIÑOS Y ADOLESCENTES

En las habitaciones de los niños, es especialmente importante crear un clima acogedor, sereno, seguro y protector. Eso les dará la tranquilidad necesaria para que tengan un descanso saludable. Si las camas son robustas, tienen el ancho adecuado y los cantos redondeados, reforzarán su sentimiento de seguridad. En esta habitación, más que en ninguna otra, es imprescindible que los materiales de construcción y la tapicería sean naturales, sanos y seguros para evitar al máximo el riesgo de accidentes.

La higiene y ventilación deberán ser cuidadas al máximo para evitar afecciones alérgicas y cualquier otro tipo de enfermedades.

La decoración debe ser escueta y basarse en tonos pastel que inviten a la relajación. El Feng Shui recomienda que en los dormitorios infantiles estén bien delimitadas las zonas de juego y descanso. Esto se puede lograr mediante el color de la moqueta y de las paredes o con el uso de cortinas de cuentas que, además, modulan el Chi. Para evitar la acumulación y el estancamiento del Chi es importante renovar los objetos, según los cambiantes intereses del niño o adolescente, retirando los que ya no usen y sustituyéndolos por otros nuevos. Del mismo modo, para facilitar su crecimiento equilibrado, se recomienda que la habitación crezca en la misma medida que lo hace el niño, en cuanto a los objetos e imágenes que contiene.

A diferencia de lo que se recomienda para el dormitorio de los adultos, sí es necesario en el de niños y adolescentes colocar fotografías; sobre todo aquellas en las que aparezcan los miembros de la familia ya que les proporcionarán seguridad. Por el contrario, habrá que evitar todas aquellas que transmitan violencia o cualquier otro sentimiento negativo.

Las habitaciones de los niños deben tener, además de sus juguetes, fotografías de las personas de su familia.

Si dos o más niños debieran compartir habitación es muy importante que cada uno tenga un área bien delimitada que pueda considerar propia. Una manera de conseguirlo es poner debajo de cada cama una alfombra de diferente color o diseño.

EL DESPACHO O EL ESTUDIO

La ubicación más favorable de esta habitación depende del tipo de trabajo que se realice en ella. Si se trata de una tarea contemplativa, que requiera introspección y concentración, o de una actividad relacionada con la reflexión o el arte, lo mejor es emplazarla en la parte posterior de la casa, lejos de la puerta principal para evitar ruidos e interrupciones. Por el contrario, si el trabajo que se realiza está relacionado con el mundo exterior o requiere mucha actividad, es conveniente colocarla cerca de la puerta principal, cerca de la zona externa de la vivienda.

En la organización de esta habitación, lo primero que hay que tomar en cuenta es la mesa o escritorio, ya que de ello depende la motivación que tenga su ocupante a la hora de sentarse a trabajar. Si el despacho no resulta acogedor y a la vez dinámico, eso repercutirá directamente en la prosperidad de las personas que lo utilicen. Cualquier posición desequilibrada, en este sentido, puede causar perturbaciones que propicien malas decisiones, falta de rendimiento, debilidad, malas gestiones,

La ubicación de la zona de trabajo siguiendo las teorías del Feng Shui es muy importante porque de ella depende el que la persona tenga o no perturbaciones.

problemas de reconocimiento y de finanzas.

La mesa debe estar en una posición dominante, de cara a la puerta aunque no directamente frente a ella, de forma que pueda controlarse la entrada. Trabajar o estudiar de espaldas a ésta es una posición muy desafortunada ya que la debilidad, estrés, tensión o temor que genere perjudicará los resultados de la labor que se realiza.

El resto de normas de Feng Shui acerca de la ubicación propicia de un escritorio son las mismas que rigen para la ubicación de las camas. Una pared tras la silla, que simbolice la tortuga, servirá de protección.

La iluminación del lugar es muy importante ya que si fuera excesiva o insuficiente, obligaría al usuario del despacho a forzar la vista generándole con ello malestar o dolores de cabeza. Por lo general, en los despachos suele haber estanterías con libros, las cuales, por sus líneas rectas, generan flechas envenenadas. Éstas se evitan con las vitrinas que tengan puertas de cristal. De todos modos siempre debe evitarse que las flechas que puedan generar los muebles incidan sobre la mesa de trabajo y, más aún, sobre quien está sentado frente a ella.

Es conveniente que la mesa no esté frente a una ventana; por un lado, para evitar distracciones y, por otro, para que la persona que ocupe el despacho no esté en medio del flujo del Chi que salga por ella. Para paliar el efecto que esto podría causar, se puede colgar en el marco de la ventana una bola facetada o poner sobre ella una cortina de cuentas. No se recomiendan, en este caso, los bailarines de viento porque su movimiento podría distraer a la persona que esté trabajando.

El orden, en este lugar, es muy importante. A menudo, durante el trabajo, se acumulan papeles, libros y cuadernos de consulta sobre la mesa, lo cual puede alterar el flujo del Chi. Es necesario guardar cada cosa inmediatamente cuando se termine de utilizar para que no se produzcan estancamientos en la energía y para que la claridad del espacio favorezca también la claridad mental.

Los aparatos eléctricos, como ordenadores, periféricos, faxes, teléfonos inalámbricos que pueden generar electromagnetismo, deben tener una toma a tierra para que no generen campos nocivos. En su defecto, puede instalarse un ionizador a fin de que la atmósfera que se respire en el lugar sea lo más sana posible. La presencia de plantas también resulta conveniente, siempre y cuando sea discreta; ellas moderan el flujo energético y durante las horas de sol proporcionan oxígeno.

Actualmente, casi todos los despachos cuentan con diversos dispositivos que se conectan a la red eléctrica; esto hace que, a menudo, haya muchos cables enredados o en los lugares de paso. Además de ser molestos a la vista, estos cables generan campos magnéticos y son una fuente de peligro. Es necesario colocarlos lo más cerca posible de la pared, debajo de una moldura o debajo de la alfombra; es decir, en un lugar donde sea imposible tropezar con ellos. En el mercado hay unos tubos de plástico que sirven para reunirlos y también unas presillas para mantener enrollado el cable sobrante.

Como en esta habitación se suele pasar muchas horas sentado, los muebles deben ser ergonómicos y confortables para que obliguen a mantener una postura correcta. Eso evitará dolores de espalda, problemas de cóccis o de circulación y permitirá una mayor eficacia a la hora de trabajar.

A la hora de escoger la mesa, debe tenerse en cuenta que las blancas o negras pueden causar cansancio ocular; las mejores son las de madera.

Si se coloca un cristal encima, no es conveniente poner fotos debajo porque con eso se fomentan las distracciones. La atmósfera creada en un despacho o estudio debe ser de trabajo, de creatividad. Puede haber cuadros en las paredes pero deben evitarse los que contengan multitud de imágenes diferentes.

EL CUARTO DE PLANCHA Y LOS TRASTEROS

Algunas casas cuentan con habitaciones específicas para realizar el lavado o planchado de la ropa, el almacenamiento de comida, de herramientas, de materiales u otros elementos mientras no están en uso.

Las normas de Feng Shui que rigen para todos ellos son muy similares: en estos espacios lo primordial es evitar el desorden, el caos, el almacenamiento incontrolado y desmedido, la mala iluminación, el abandono, la despersonalización y el descuido.

Si en estas habitaciones reina el caos y se utilizan como vertederos o depósitos de objetos rotos o inútiles, resultan lugares insalubres donde la energía se estanca o se altera. Es necesario recordar que el Chi entra en ellos, ya que son parte de la casa, y luego recorre otras habitaciones, razón por la cual debe procurarse que siga fluyendo de forma suave y armónica.

Si son lugares oscuros, generan malas vibraciones que pesarán sobre la casa, como una nube contaminada. Una luz diáfana en estos espacios reporta seguridad, sensación de espacio y comodidad. Los trasteros, desvanes y sótanos deben contar, además, con una luz de seguridad o de emergencia para prevenir accidentes. Una buena medida para mantener el orden en estos lugares es etiquetar los estantes o los armarios; eso evitará, además, pérdidas de tiempo a la hora de buscar un objeto que haya estado fuera de circulación.

Las cosas que contengan los trasteros no deben estar apiladas y expuestas; lo mejor es utilizar cajas que tengan, en un lugar visible, su correspondiente etiqueta explicando su contenido.

El Feng Shui recomienda reorganizar estos espacios al menos una vez al año para renovar lo que ya no es útil, lo que está deteriorado y lo que ya no tenga sentido guardar. De este modo se ahorrará espacio y, además, se hará sitio para nuevas oportunidades.

El cuarto de plancha a menudo se utiliza para guardar electrodomésticos. Estos deberán estar fuera de la vista, guardados en armarios. Otro tanto

El Feng Shui rechaza el desorden y el caos para lograr el buen desarrollo de la energía del Chi.

puede decirse con respecto a los utensilios de limpieza.

En cualquier espacio de almacenamiento más o menos cerrado, también hay que tener cuidado con los alimentos y los compuestos orgánicos, pues podrían generar o atraer la visita de animales no deseados. Las despensas resultan muy atractivas para todo tipo de intrusos, por ello es necesario que los muebles estén distribuidos de modo que permitan una limpieza a fondo periódicamente.

Las bolsas y cajas de alimentos deben permanecer bien cerradas, a ser posible herméticamente para evitar que se estropeen o que constituyan un reclamo para insectos o animales menos deseables aún. Sólo un poco de harina o grano derramado puede constituir un festín para las hormigas.

Existen algunos trucos populares para prevenir la aparición de mariposas y polillas en lugares de almacenamiento de comida entre los cuales se pueden citar:

- Poner castañas en los cajones o estantes para evitar hormigas
- Llenar bolsas de agua y suspenderlas del techo para evitar la invasión de moscas.
- Disponer en la alacena limones partidos por la mitad, con varios clavos de olor en la pulpa. Esto hará que los insectos se mantengan alejados al tiempo que generará un agradable olor a limpio.
- Bolas de naftalina entre la ropa para evitar la presencia de polillas.
- Piñas secas para ahuyentar las cucarachas.

Estos trucos sólo funcionarán en caso de que la invasión sea incipiente; si la casa está muy infestada, lo mejor será recurrir a

En los jardines también se deben aplicar los principios del Feng Shui.

remedios más potentes o a una empresa especializada.

EL GARAJE

Las viviendas que están situadas inmediatamente encima de un garaje público o comunitario son perturbadas por la energía del movimiento continuo que se produce en ellos y por el ruido y los gases tóxicos que emiten los vehículos. Además, las masas ferromagnéticas de los coches constituyen una especie de antena que potencia todas las vibraciones procedentes del subsuelo.

El Feng Shui considera que la prosperidad de una oficina se ve truncada por la presencia de un garaje bajo su suelo. Para paliar los efectos desfavorables y desestabilizadores que puede provocar esta ubicación sobre un garaje, recomienda que sea lo menos oscuro y sombrío posible.

Si el garaje es una parte de la casa, ya sea adosada o subterránea, es preferible que a su lado o encima no se coloquen dormitorios sino habitaciones de trabajo o de juego ya que en ellas la presencia de los coches es menos perjudicial.

Otro aspecto a tener en cuenta en las casas con garaje es su relación con la puerta principal de la vivienda. El Feng Shui dice que el garaje nunca debe sobresalir del resto de la fachada porque ello acentuaría su importancia con respecto al conjunto de la casa. Poner el vehículo en un lugar preponderante podría afectar negativamente a los residentes.

Es común que la entrada de una vivienda se vea pequeña e insignificante si tiene un garaje a su lado; por esta razón, y dada la importancia que el Feng Shui da a la puerta principal, se recomienda evitar estas situaciones. La forma de relegar la entrada del garaje a un segundo plano es pintándola del mismo color que las paredes de la casa. Utilizando elementos decorativos en la puerta de entrada se conseguirá que sea realizada.

Otra posibilidad es adornar el camino que lleva hasta la puerta de entrada y los espacios que la rodean. A este fin hay herramientas muy útiles: los soportales, los porches, las pérgolas, los muros, las verjas, las vallas, la iluminación, los colores, los bailarines de viento, los móviles sonoros, las aldabas, etc.

EL JARDÍN Y LOS ESPACIOS EXTERIORES

Toda vivienda debiera poder disfrutar de los beneficios de un jardín; ya sea construido en un terreno adyacente, en un patio, una terraza, un balcón o en el alféizar de una ventana; y cuanto más

urbano y artificial sea el entorno, mayor importancia tendrá la presencia de la naturaleza aunque sólo sea en forma de modestas macetas con plantas vivas.
Los principios del Feng Shui que rigen en el paisaje, tanto para un terreno ajardinado como para una maceta, son el equilibrio y la armonía; y éstos se expresan, fundamentalmente, en el balance entre el Yin y el Yang. La sabia combinación de líneas rectas (Yang) y curvas (Yin), unida al colorido, volúmenes y texturas, generará un Chi sano y nutritivo que beneficiará a todos los moradores de la vivienda.
A los diseños de jardines se aplica el Shan-Shui, arte chino de la pintura paisajística. El término *Shan* significa «montaña» y simboliza la dureza, los desarrollos verticales, la cercanía del cielo y los aspectos Yang; el vocablo Shui significa «agua» y representa su opuesto: la delicadeza, los desarrollos horizontales, lo cercano a la tierra y los aspectos Yin. Para lograr un paisaje armónico ambas fuerzas deben mantenerse equilibradas.
En Japón se ha desarrollado el In Yodo o el Fu Sui, que se aplica a las zonas ajardinadas. Los tradicionales jardines japoneses y los del Feng Shui chino tienen en común la asimetría, la ausencia de líneas rectas y el centro libre y vacío. En estos jardines no hay césped y nada parece estar fuera de lugar. No dan la sensación de ser fruto del trabajo del hombre sino de que hubieran surgido de forma natural.
Por lo general muestran una armoniosa mezcla de arbustos, árboles, flores y ornamentos, sin que ningún elemento predomine o sobresalga sobre los demás. El equilibrio y la armonía de estos jardines provocan estados de ánimo que llevan a la serenidad, el apaciguamiento, la meditación y el regocijo.
Analizando estos hermosos lugares, se llega a la conclusión de que en ellos no ha habido una conquista de la naturaleza por obra y mano del jardinero, como sucede en la mayoría de los jardines occidentales; por el contrario, denotan la confianza, la intimidad, el respeto y la humildad con las que el hombre oriental trata a su entorno natural.

En el sector Cielo del jardín, lo adecuado es poner un banco en el cual poder sentarse para sostener agradables conversaciones con los amigos. El agua, como la de la imagen de la izquierda, es un elemento muy apreciado en la cultura china.

Lo interesante de las normas e indicaciones de Feng Shui para los jardines es que, siguiéndolas, no es necesario imitar los jardines chinos sino aplicarlas para crear lugares que se adecuen al gusto y necesidades occidentales. Lo importante no es copiar los resultados de su forma de pensar sino aprender a sintonizar con las fuerzas naturales tal y como lo hacen ellos. De esta manera se podrá recrear la esencia de la naturaleza sin dominarla.

Un espacio ajardinado puede ser plantado con armonía y equilibrio, del mismo modo que se construye una casa, o se distribuyen y colocan el mobiliario y los objetos de ésta. Teniendo en cuenta el flujo de Chi, el balance de los opuestos Yin y Yang, el equilibrio de los cinco elementos y el Bagua se pueden crear jardines o sus sustitutos, de diferentes estilos que resulten armónicos y que satisfagan las aspiraciones de los residentes, proveyéndoles de bendiciones.

Los espacios verdes son muy importantes y determinan, en gran medida, la calidad del Chi que circule en el entorno. Para que la energía que se genera en ellos sea positiva,

Los caminos o senderos de un jardín no deben ser nunca retorcidos ni tortuosos, sino que es conveniente que se hagan con curvas suaves.

es necesario que las plantas estén sanas y fuertes. Los ejemplares deteriorados, enfermos y débiles atraen un Chi negativo que puede afectar a la casa, en caso de jardines domésticos, o al barrio si se trata de un parque público.

EL FLUJO DE LA ENERGÍA EN LOS JARDINES

En toda construcción se busca la simetría; es lo que da sensación de equilibrio, de solidez y de estabilidad. Sin embargo, en los jardines, ocurre todo lo contrario: cuanto más asimétricos sean, mejor circulará en ellos el Chi.

Deben evitarse las líneas rectas ya que el jardín es un espacio natural y, como se ha dicho, en la naturaleza proliferan las formas curvas. Las líneas onduladas, las espirales, los círculos son las formas más apropiadas para diseñar cualquier jardín. El único dibujo que escapa a esta regla es el cuadrado rodeado por un círculo, ya que representa la unión de las fuerzas de la tierra con las del cielo.

En la tradición china se dice que los fantasmas, los espíritus malignos y los demonios se mueven en líneas rectas y

que a estas entidades les resulta difícil desplazarse por las curvas.
Independientemente de que esta afirmación sea cierta o no, la realidad es que las curvas permiten al Chi fluir con mayor calma, sin dispersiones, bloqueos o estancamientos. Ello favorece la salud del campo energético de las personas y, además, resultan más gratas a la vista.
Los espacios asimétricos tienen la ventaja de evitar la presencia de las desfavorables y nocivas líneas rectas.
Los caminos y senderos que hacen ondulaciones imitan el movimiento natural de la energía y propician un modo de andar por ellos acorde a la forma de la energía personal. Esta sintonía resulta beneficiosa para la salud física y mental de los paseantes.
Como se ha dicho a lo largo de todo el libro, los excesos nunca son buenos. En este caso, los caminos deberán tener suaves curvas sin llegar a ser retorcidos y tortuosos, en cuyo caso también crearían una atmósfera perjudicial. En ellos, las espirales deben ser desechadas, ya que los convertirían en laberintos.
Si el jardín de la vivienda cuenta con una superficie grande, que permita crear diversos espacios y rincones, es conveniente aplicar en él el Bagua para determinar qué elementos se dispondrán en cada uno de sus sectores.

La entrada (es decir en el lugar más importante de acceso al jardín que a menudo coincide con una verja que da a la calle) debe coincidir con el sector Fuego que se relaciona con el éxito. Pueden utilizarse en él arbustos de forma triangular, flores rojas y objetos que representen a la madera, su elemento madre; por ejemplo, poner al costado del camino una verja baja en color natural o un banco de madera. Para no disminuir el fuego necesario de esta zona, habrá que abstenerse de poner elementos de agua.
En el sector Viento, asociado a la prosperidad y al elemento madera, los colores marrón y verde serían los más adecuados. Las formas que acepta son las cuadrangulares, altas y delgadas, de modo que es aquí donde se podrían poner árboles frutales y plantas como el bambú.
La zona Trueno se vincula a los antepasados y a la familia; lo más adecuado es un lugar donde ésta se pueda reunir, por ejemplo, un templete en el cual desayunar en los días buenos. El elemento madera, con sus colores verde y marrón, debe ser predominante.

Una hermosa ánfora, propia del elemento Tierra, es lo más adecuado para el sector tierra. Éste debe ser un lugar tranquilo, que invite a la meditación. Puede tener una hamaca colgada entre dos árboles, un banco o una pequeña gruta con algún icono religioso. También es apto un espacio de piedras, muy cuidado, que de sensación de paz y serenidad.
Lo más representativo de la zona Agua es una fuente, una piscina o un estanque. El lugar debe estar protegido del sol, ya que la energía Yin no es luminosa. Eso se consigue con árboles que den la suficiente sombra. Puede tener una pequeña mesa donde sentarse a leer o a escribir.
La zona Cielo, que corresponde al metal, deberá estar adornada con arbustos redondeados. Es el lugar de los amigos, de manera que en ella se pueden poner asientos de hierro en los cuales poder conversar. Los faroles de metal pueden ayudar a crear la atmósfera propicia.
El Lago es el lugar donde es conveniente emplazar juegos para los niños: un cajón de arena, un columpio, una cancha de bochas... Todo elemento lúdico aquí es bienvenido. Las formas redondas son las más adecuadas para este sitio.

La zona Tierra, relacionada con la pareja, puede ser exuberante o tranquila, según el temperamento de los moradores de la casa. Puede estar rodeada por setos, que darán la sensación de intimidad, y tener en su centro un lugar despejado y tranquilo, con flores amarillas (por ejemplo narcisos, dragones) o bien multicolores. El centro del jardín deberá estar despejado.
En la medida en que se conozcan las claves del Bagua, se podrá armonizar el jardín con buen gusto y sabiduría. La idea es que haya en él pequeños refugios aptos para cada ocasión.
La presencia de bailarines de viento, de campanillas, móviles, bolas facetadas o cualquier otro elemento de cura, no sólo servirá para modular el Chi sino, también, para alegrar la vista.
Cada elemento que se deteriore deberá ser inmediatamente retirado. Cuanto más cuidado esté el jardín, mejores energías llegarán hasta la casa.

La profusión de colores y la suave curva del camino dan la bienvenida a la casa.

CAPÍTULO 8

Feng Shui en el trabajo

LA MAYORÍA DE LA GENTE PASA UNA MEDIA DE CUARENTA HORAS SEMANALES EN SU LUGAR DE TRABAJO. ALLÍ NO SÓLO TRABAJA; TAMBIÉN TIENE GRAN PARTE DE SUS RELACIONES SOCIALES O AMISTOSAS E, INCLUSO, EN MUCHOS CASOS, TAMBIÉN HACE UNA DE LAS CUATRO COMIDAS DIARIAS. SI EL AMBIENTE EN EL QUE PASA TANTO TIEMPO ES INSALUBRE, SI LOS VÍNCULOS CON SUS COMPAÑEROS NO SON AGRADABLES, SI SUS ESFUERZOS POR PROGRESAR NO DAN FRUTOS, ESO REPERCUTE DIRECTAMENTE SOBRE SU SALUD Y TAMBIÉN SOBRE LA DE SU FAMILIA, ADEMÁS DE ACARREAR PÉRDIDAS A LA EMPRESA.

EL Feng Shui se aplica a los centros de trabajo siguiendo las mismas reglas que se utilizan para las viviendas o cualquier otro espacio. Su objetivo es armonizar al máximo la energía para que ésta no resulte perjudicial sino, por el contrario, potencie todas las posibilidades de éxito del lugar y de sus ocupantes.
La ubicación de la tienda, oficina, despacho o fábrica es fundamental. El mismo sentido común y la experiencia nos indican que en los barrios donde viven personas adineradas los negocios prosperan más rápidamente que en los barrios pobres; que las tiendas que nos agradan a la

Al igual que en las viviendas, el Feng Shui se puede aplicar a los lugares de trabajo, donde pasamos tantas horas.

vista nos invitan a entrar porque en ellas nos sentimos cómodos, en tanto que las que parecen deterioradas o desordenadas nos producen rechazo.

Un negocio se mantiene y crece por los vínculos que establece con el exterior; los productos que fabrica o los conocimientos técnicos que atesoren los profesionales que los habiten, son elementos que se venden siempre a otros, a menudo desconocidos, por lo tanto necesita atraer compradores para poder subsistir y prosperar.

En primer lugar, es necesario que el lugar donde esté emplazado el negocio inspire confianza ya que ésta se asociará con los productos que ofrezca. El local debe estar ubicado en una zona segura, de fácil acceso y, preferiblemente, en una calle por donde pase la mayor cantidad de gente posible. En este sentido, los mejores lugares son los cruces de avenidas muy concurridas o de calles que, por sí mismas, tengan un atractivo especial que inviten a ser elegidas como lugares de paseo. A diferencia del criterio que se usa para elegir una vivienda, a la hora de escoger el local para montar un negocio habrá que buscar en zonas bulliciosas, con mucho movimiento en cambio para instalar el despacho para ejercer una profesión liberal (consulta médica u odontológica, bufete de abogado, notaría, etc.), es mejor buscar un lugar que, sin ser bullicioso, tenga una buena comunicación y sea accesible por varios medios de transporte.

En el caso de las fábricas debe tenerse en cuenta que, por la cantidad de materiales de desecho que producen, no es posible ni necesario instalarlas en el corazón de las ciudades. Los polígonos industriales suelen ser los lugares más adecuados para su emplazamiento ya que cuentan con una red fluida de carreteras que permitan la entrada y salida de camiones de mercancías.

LAS TIENDAS

Para elegir el local es necesario tener en cuenta el mapa de los cinco animales. Un edificio más alto a sus espaldas, en el lugar de la tortuga, servirá de protección. También conviene que tenga a sus lados casas que le superen en altura y, hacia adelante, una vista lo más diáfana posible ya que un alto edificio en la otra acera, y más si ésta es estrecha, podría bloquear o entorpecer el flujo del Chi.
Para crecer y prosperar, las tiendas dependen, más que los despachos y las fábricas, del público que pasa por su puerta. Esto hace que la fachada, la puerta de entrada y el escaparate tenga en ellas una importancia fundamental. Es preciso cuidar ciertos detalles:

- La puerta de entrada deberá abrir hacia adentro. Esto facilitará la afluencia de los compradores y del Chi al interior del negocio. Una buena medida para modularlo convenientemente es poner en él un móvil sonoro hecho de tubos de bronce.
- La presencia de un armonizador en cada escaparate será una ayuda extra que potenciará la marcha del negocio.
- No por muchos objetos que se exhiban en ellos se venderá más. Es conveniente que el escaparate tenga un aspecto ordenado, limpio y cuidado, que mantenga un equilibrio. A veces es preferible sacrificar la exhibición de un objeto para poner en él una planta que atraiga a la vista de los transeúntes y modele convenientemente la energía.
- Si los artículos que se venden son de diferente naturaleza (como, por ejemplo, los propios de una tienda de regalos), se puede aplicar el Bagua al escaparate a fin de armonizar texturas y colores. En caso de que el tipo de objetos que se vendan sean de una misma categoría (por ejemplo, ropa), lo mejor será armonizarlo de acuerdo a los colores y formas respetando las diferentes zonas del Bagua.

El interior de la tienda deberá estar impecable y tener una buena iluminación. Es conveniente que los mostradores tengan los bordes redondeados para que no generen flechas venenosas. Aplicando

el Bagua a todo el local, se verá que el mejor lugar para colocar la caja se corresponde con el sector Viento, que se vincula con la prosperidad.
La mayoría de los locales tienen cuarto de baño y su mejor ubicación es al fondo. Deberá estar en perfectas condiciones, muy limpio y nunca se deberá utilizar como depósito. Se aconseja dejar siempre sobre la tapa del inodoro una cesta con cantos rodados para que no haya pérdidas de Chi, ni de dinero.
Si la naturaleza del negocio lo admite, se puede poner música suave y encender incienso.
Se desaconseja la utilización de aparatos de radio y de todo electrodoméstico que no sea estrictamente necesario ya que éstos crean vibraciones que podrían resultar perjudiciales.

La ubicación de los despachos es muy importante. Conviene evitar aquellos en los que la puerta de entrada esté alineada con la ventana.

LAS OFICINAS Y DESPACHOS

Las oficinas suelen estar situadas en grandes bloques, con muchos pisos y largos pasillos. A la hora de elegir el lugar donde se haya de situar el despacho, lo mejor es evitar aquellos cuya puerta de entrada esté alineada con una ventana, ya que eso generaría una pérdida de energía. En caso de que no fuera posible, se deberá hacer una cura que puede consistir en colgar una bola facetada entre la ventana y la puerta, un bailarín de viento en la ventana o plantas en el alféizar.
Algunos edificios tienen escalones a su entrada. Lo hay que observar en estos casos es que éstos asciendan hacia la puerta ya que los que descienden provocarían son claramente desfavorables para la marcha de cualquier negocio.
En las oficinas donde hay varias mesas alineadas, no todas las posiciones son igualmente favorables. En la medida de lo posible se debe evitar:

LOS MAESTROS DEL FENG SHUI

Los maestros del Feng Shui son personas muy consideradas en Asia. Cada vez que un arquitecto va a iniciar el diseño de un edificio, sabe que en la división y organización de los espacios que reflejará en sus planos debe tener en cuenta los criterios del Feng Shui. La ubicación en el terreno disponible, la estructura exterior y el diseño de los espacios interiores de las oficinas en los rascacielos de la ciudad de Hong Kong siguen las recomendaciones del Feng Shui. Para ello, se recurre a los maestros de esta disciplina, que son los que darán una serie de sugerencias, ya que muchas veces es prácticamente imposible seguir todos los aspectos del Feng Shui para lograr un buen fluir del Chi. Si en la construcción de un edificio no se puede llevar a cabo lo que indican los maestros, se utilizarán armonizadores (como los indicados a lo largo del libro). Por otra parte, si un edificio ya existe desde hacía tiempo y lo que se quiere es distribuir los espacios, los despachos y salas de reuniones, también es conveniente contactar con un maestro de Feng Shui. Además de sus conocimientos y su experiencia, éste utilizará un instrumento llamado Lo Pan. Este instrumento tradicional es una brújula específica para el Feng Shui. Existen varios diseños de Lo Pan, pero todos ellos deben tener elementos necesarios como son la aguja metálica en el centro, los círculos exteriores de la tabla y los hilos usados para localizar coordenadas.

- Estar entre una puerta y una ventana, en medio del camino del Chi. Si este fuera el caso, se puede poner una planta o cualquier otro armonizador sobre el escritorio a fin de que la energía recobre un ritmo suave y envolvente.
- Colocarse de espaldas a la puerta. Ésta es siempre una posición vulnerable y lo más conveniente es colocar la silla del otro lado de la mesa o, si hubiera una mampara delante, poner un pequeño espejo que refleje la zona de entrada a la habitación.
- Una silla de espaldas a la ventana o a un espejo, tampoco es aconsejable ya que no ofrecen la suficiente protección.
- La posición de la mesa en medio de

una planta, con pasillos delante y detrás por los cuales pase gente, es una posición muy desafortunada ya que obliga a estar en una actitud de alerta permanente.

- Las fotocopiadoras y los faxes generan vibraciones y campos electromagnéticos; cuanto más lejos se esté de ellos, mejor.
- Las mesas y despachos colocadas frente o adyacentes a los baños, tienen muy mal Feng Shui.
- No es conveniente instalar un despacho directamente frente a un ascensor.

Es necesario recordar que las plantas son muy adecuadas para modelar la energía circundante. Una maceta sobre la mesa puede ayudar a paliar una ubicación desfavorable; máxime cuando es uno de los pocos recursos que se puede permitir a una persona que no esté trabajando en una oficina propia.

La mesa deberá estar siempre ordenada y limpia; la acumulación de papeles inútiles favorece el estancamiento del Chi.

Quien tenga una oficina con varios empleados, deberá prestar atención a la decoración y al mobiliario ya que esto redundará en la salud de las personas que los utilicen y ello, en la marcha general del negocio. Según cuál sea la disposición que se elija, se crearán mejores relaciones entre los empleados y, como hoy se acepta, éstas inciden directamente en la productividad.

Algo que se debe vigilar con atención es que las mesas no creen flechas venenosas que salgan disparadas hacia las de otros trabajadores. La mejor manera de evitarlas es utilizar muebles con bordes redondeados. Otro tanto puede decirse con respecto a las mamparas que dividen el espacio.

Las sillas deben ser ergonómicas, confortables, con tapicerías en base a tonos que relajen la vista.

La vista de cada trabajador no deberá ser obstaculizada por ningún mueble. Asimismo debe procurarse que no se sientan encajonados, que a sus costados no haya cajoneras que sobresalgan; éstas deberán quedar siempre debajo de la mesa.

▲ *Los espacios de rascacielos de las grandes ciudades empiezan a ser decorados con plantas, fuentes y otros recursos decorativos.*

Otro detalle a cuidar es la distancia entre el monitor de los ordenadores y los ojos; si no hay distancia suficiente entre ambos, la constante radiación producirá cansancio visual y dolor de cabeza.

ESPACIOS PERTURBADORES

Aunque en las oficinas más modernas se están intentando evitar, los espacios abiertos donde trabajan muchas personas resultan muy nocivos para el Feng Shui. Normalmente en estos espacios abiertos hay muchas mesas de trabajo iluminadas por bombillas fluorescentes, las cuales aportan muy mala luz a los trabajadores. Una ubicación que hay que evitar en la medida de lo posible es la mesa que se encuentra en el centro de la sala, por culpa de la cual la espalda del trabajador queda «desprotegida», ya que por detrás de ella circulan muchas energías. Tampoco son aconsejables las mesas que están rodeadas de otras mesas, ni las que están próximas a impresoras, fotocopiadoras y máquinas grandes en general. Todas estas influencias negativas influyen en la concentración y en la agilidad mental. Muchas empresas están empezando a recurrir a profesionales del diseño de interiores para evitar estas influencias negativas y perturbadoras en los trabajadores.

LA CIUDAD PROHIBIDA

El empleo de los maestros de Feng Shui se viene usando desde hace siglos. De hecho, la construcción de la Ciudad Prohibida de Pekín, China, se llevó a cabo bajo la supervisión de los mencionados maestros de Feng Shui. En este caso se trataba de los llamados maestros imperiales. Las recomendaciones del Feng Shui se pueden apreciar perfectamente en este monumental complejo. Por citar sólo algunas de ellas, encontramos que el elemento agua está representado por el río artificial. Además dicho río tiene varios meandros, lo cual le proporciona una forma de serpiente (uno de los cinco animales). La Ciudad Prohibida es una construcción muy antigua, pero aún hoy se siguen contratando los servicios de los maestros de Feng Shui (ver cuadro).